国土空间规划理论与实践探索研究
GUOTU KONGJIAN GUIHUA LILUN YU SHIJIAN TANSUO YANJIU

宗 莎 孙静聪 赵俊宝 ◎著

图书在版编目（CIP） 数

国土空间规划理论与实践探索研究/宗莎,孙静聪,赵俊宝著.--哈尔滨:哈尔滨地图出版社，2023.12
ISBN 978-7-5465-2828-1

Ⅰ.①国...Ⅱ.①宗...②孙...③赵...Ⅲ.①国土规划－研究Ⅳ.①TU98

中国国家版本馆CIP数据核字(2023)第188591号

责任编辑：汪　睿
封面设计：郭　婷

出版发行：哈尔滨地图出版社
地　　址：哈尔滨市南岗区测绘路32号
邮　　编：150086
印　　刷：哈尔滨市石桥印务有限公司
开　　本：787 mm×1092 mm　1/16
印　　张：7
字　　数：166千字
版　　次：2023年12月第1版
印　　次：2024年4月第1次印刷
印　　数：1-500
定　　价：50.00元

PREFACE 前言

构建全国统一、相互衔接、分级管理的国土空间规划体系，成为当下城乡规划改革的焦点。空间规划体系改革并非过去简单的"多规合一"，而是在统一话语下实现空间治理体系的提升。

本书是作者在总结多年教学与科研工作经验的基础上，结合我国生态文明体制建设与生态环境优先理念，针对当前城市国土空间规划缺乏对人口规模和布局方面的考虑，未能充分发挥人口和经济在城市空间结构和布局优化方面的约束或驱动作用的问题，对我国城市国土空间规划技术创新体系进行了全面系统研究的成果。首先，"控规模、调结构"，环境承载力约束下的城市社会经济发展规模与结构的优化调控，以环境承载力为约束，以适度人口与经济规模为目标（无论是城市规划、土地利用规划，还是国土空间规划，人口与经济规模都是核心规划目标），利用多目标不确定性优化模型，确定适度的人口与经济规模及合理的产业/行业结构。其次，"优布局"，在国土开发生态适宜性分析的基础上，依据生态红线与环境功能区划等，利用地理信息系统空间分析技术，从生态环境空间约束角度，为城市国土空间开发从布局优化调整角度提出具体对策与方案。最后，根据城市环境承载力开发利用潜力评价与环境承载力约束下适度人口规模优化结果，确定不同地区国土空间开发的人口制约条件，以及城市国土空间开发主体功能分区；以生态保护红线作为城市刚性增长边界，明确城市国土空间开发的限制性和适宜性，并与城市空间增长参与主体的决策行为进行有效衔接，进而划定城市弹性增长边界，实现满足生态保护空间和环境承载力约束的城市国土空间健康持续发展。

阶段性重要任务目标的不同导致了山水田林湖草、城市、农村等国土空间由不同的行政机构管理，由此基于不同利益考量形成的"九龙治水，各自为政"的格局使国土空间的开发利用和保护未能形成统一整体。树立和践行党的十九大报告提出的"必须树立和践行绿水青山就是金山银山的理念"需要政府、学界从国土空间评价和管理入手开展科学实践和理论探讨。国土空间优化管理既是复杂性问题，也是非理性（或抗解性）问题，需要管理科学、经济学、地理学及信息科学等学科交叉综合分析。加之，国土空间管理研究的特色是以解决国家发展战略需求为导向，需要在解决管理过程的实际问题中凸显科学价值。

鉴于此，本书将详细阐述新时期国土空间评价、格局优化、综合分区和管理实践的相关理论、方法和模型。

在编写过程中，我们既对前辈学者的研究成果有所参考和借鉴，也注重将自身的研究成果充实于其中。尽管如此，限于编者学识眼界，本书难免有瑕疵之处，切望读者提出批评意见。

CONTENTS 目 录

第一章　国土空间规划的核心概念 ······································ 1
　第一节　空间和外部性 ··· 1
　第二节　时间和时代性 ··· 7
　第三节　可持续性和竞争力 ·· 10
　第四节　目标、政策和管制 ·· 14
　第五节　产权、市场和利益 ·· 17
　第六节　人类行为和有限理性 ·· 20
　第七节　规划和国土空间规划 ·· 25

第二章　国土空间规划的理论基础 ····································· 38
　第一节　国土空间规划的存在依据 ·· 38
　第二节　国土空间规划的逻辑起点 ·· 43
　第三节　国土空间规划的思想基础 ·· 48
　第四节　国土空间规划的理论发展 ·· 54
　第五节　国土空间规划的治理理论 ·· 59

第三章　国土空间规划的技术方法 ····································· 64
　第一节　国土空间规划基础方法 ·· 64
　第二节　国土空间规划空间分析技术 ······································ 85
　第三节　国土空间规划决策方法 ·· 91
　第四节　国土空间规划大数据技术方法 ···································· 96

参考文献 ··· 98

第一章 国土空间规划的核心概念

第一节 空间和外部性

一、空间和空间结构

(一) 空间的基本含义

空间作为一种概念,其基本含义是随着人类文明的进步和认知的拓展而不断深化的。空间最开始更多地出现在哲学的范畴中,哲学意义上的空间被认为是没有任何具象物体的存在,即不需要任何物质的填充就能够存在,是一种纯粹的形式,脱离了表象化的特征,所以空间是抽象的、绝对的。先验唯心主义哲学创始人康德就认为:空间只是一个主观的表现形式,它所反映的是认知主体而非认识客体的本质,是某种形式的直觉。而随着人类社会的不断分工,工业和商业的出现,空间成为表征用途的一种方式,空间由此演化成了商业的空间、工业的空间、生态的空间以及社会的空间等。

空间作为一种抽象化的概念,是一种理解世界的工具和媒介。但空间更是一种实体性的存在,是一种由点、线、面不同形态的自然要素和人文要素在空间中的位置、分布形式和相互关系所构成的复杂结构。世界各国所选择的制度,人类生产生活所选择的场地,本质上都是根植于其所在的历史地理时空范畴。从这一角度看,空间的物质属性是空间的最本质属性。陆地和海洋、动物和植物、水文和地质、气候和地形、岩石和土壤、建筑物和构筑物,都体现了空间的物质属性。可是,在现代意义上仅仅理解空间的物质属性是不够的,因为人类的生产活动、经济活动、社会活动、文化活动已经大大改变了空间的基本格局和属性。现代空间的基本内涵除了物质内涵以外,还被赋予了经济内涵、社会内涵、文化内涵乃至虚拟内涵,是一个多层次结构并存的复合体。

(二) 空间类型和结构

1. 空间类型

列斐伏尔在其《空间的生产》一书中将空间分成了20多种形态,包括绝对空间、抽象空间、矛盾空间、差别空间、主导空间、家族空间、工具空间、精神空间、自然空间、中性空间、创造性空间、物质空间、多重空间、政治空间、纯粹空间、现实空间、压抑空间、直觉空间、国家空间、透明空间、真实空间、女性空间等。如果依照这种包罗万象的空间形态,国土空间规划将会被归结为社会政治和意识形态的"编码"和"映像",失去了实在性的空间形式和结构，导致空间规划的"去空间化"，这违背了空间规划的存在依据。因此，就国土空间规划而言，空间类型主要包括以下三种：

（1）物质空间。指能触摸到的地理空间或物理空间，是一定地域范围内通过自然环境要素与人工（生产、生活）设施组织形成的实体，包括具有自然属性的地理场所和带有人文特征的建筑实体，供主体在其中进行各种生活、生产的物质实体及空间组织。

（2）社会空间。是人们在生存发展过程中所结成的政治、经济、文化、生活等日常和非日常交往关系的一种抽象。空间本身的形式与过程就是由整体社会结构——社会文化、经济社会、政治政策结构在特定区域，通过动态演进而共同构建的。从实践性角度看，规划语境下的广义社会空间包括以下三种主要类型：一是社会空间，即社会活动和社会组织所占据的空间，如邻里、社区等。二是经济空间，是构成社会结构经济关系和生产方式的存在形式，其空间结构决定于生产力和生产关系。三是文化空间，主要强调人类全部精神、思想活动及其产品。

（3）虚拟空间。又称"网络空间"即"cyberspace"，是依靠信息网络设施与通信设施为传输媒介，所构建起来的没有特定场所但依附于实体空间的信息化空间。它既是具有实体系统结构与信息传输体系的物质空间，也是一个建构的社会空间。在信息化、大数据和云计算的时代，认知虚拟空间的概念内涵，能够使空间规划以更高效和更开放的方式臻于精确。

2. 空间结构

区域的各种空间形态在一定地域范围内的组合及空间分异称为区域空间结构。狭义上的区域空间结构通常多指区域经济空间结构，是区域生产要素、经济发展水平、产业结构类型、经济控制力等在一定地域空间上的综合反映。而广义上的空间结构包括了区域内的物质环境、功能活动、文化价值和生态等组成要素之间的关系。不同学科内对广义空间结构的理解也会有所差异，建筑学和城市规划学强调空间结构内的实体空间，经济学强调空间结构的产业构成和经济机制，地理学和社会学强调土地利用结构及人的行为、经济和社会活动在空间上的表现。

区域和国家的空间结构是历史长期演变而发展的结果，也是人类根据区域的自然要素、区位要素和社会经济要素等选择所对应的发展策略。国际上将空间结构作为一个专门的研究领域始于20世纪60年代，从诞生开始就意味着这是一门汇聚了多门学科的领域，包括社会学、经济学、人口学、规划学、地理学、土地学等，因为各个学科和领域的出发点有所差异，所以也导致了空间结构的发展具有多样性。

二、尺度、区位和布局

（一）空间尺度

尺度有时间尺度和空间尺度之分，但作为地理学度量空间的重要概念，尺度是用来表征空间规模、层次及其相互关系的准则。在空间规划的范畴里，空间尺度通常指一个区域的时空范围，如国家尺度、流域尺度、省级尺度、县级尺度等，都是指一个特定的时空范围。国土空间规划通常把尺度表述为比例尺，大比例尺提供的信息更详细。在习惯上，比例尺大于1∶10万的地图称为大比例尺地图；比例尺介于1∶10万~1∶100万之间的地图，称为中比例尺地图；比例尺小于1∶100万的地图，称为小比例尺地图。在现代遥感科学技术中，尺度一般对应于分辨率。特别注意的是，在地理学、生态学、水文水利学、区域环境分析等学科中，大尺度或粗尺度是指大空间范围或长时间幅度，它往往对应于小比例尺、低分辨率；而小尺度或细尺度一般指小空间范围或短时间幅度，往往对应于大比例尺、高分辨率。大量研究证实，空间规划研究对象格局与过程的发生、时空分布、相互耦合等特性都是尺度依存的，这些对象表现出来的特质是具有时间和空间抑或时空尺度特征的。因而，只有在特定的尺度序列上对其考察和研究，才能把握它们的内在规律。

国土空间规划常见的空间尺度有地块层面、地区层面、国家层面和全球层面，不同尺度所代表的内涵及其作用是不同的。例如，从地区层面来看，对于长江三角洲城市群这样的地区，主要政策议题是如何推进一体化；从国家层面来看，长江三角洲城市群的政策议题是如何提升全球的竞争力；从全球层面来看，长江三角洲城市群的政策议题是如何更好地与美国大西洋沿岸城市群、日本太平洋沿岸城市群、欧洲西北部城市群等世界城市群融合发展，建立人类生命共同体。尽管不同空间尺度下的根本问题都是发展问题，但随着空间尺度从地区到全球层面的变化，具体的政策和管理方式也随之发生着改变。空间尺度的概念，提出了一个有序的从局部到全球的等级阶梯，足以说明其概念的复杂性和系统性，这是国土空间规划必须深刻理解的核心概念。

（二）空间区位

区位是指人类行为活动的空间。具体而言，区位除了解释为地球上某一事物的空间几何位置，还强调自然界的各种地理要素和人类经济社会空间活动之间的相互联系和相互作用在空间位置上的反映。一般认为，区位就是自然地理区位、经济地理区位和交通地理区位在空间地域上有机结合的具体表现。区位理论也称区位经济学、理论区位论，是关于人类活动空间及空间组织优化的理论，尤其突出表现在经济方面，重点研究人类经济行为的空间区位选择及空间区位内经济活动的优化组织。

（三）空间布局

如何进行空间布局是国土空间规划的核心内容。所谓空间布局，是指对有限空间资源的利用保护结构、利用保护方式和利用保护模式，在空间尺度上进行安排、设计、组合以及有效的配置，它是一种各个空间要素的存在形式和存在格局。简单来说，空间布局就是指各类空间要素是如何组织的，它是区域自然、社会、经济、生态、环境、文化以及工程技术与建设空间组合的综合作用结果，在空间投影上主要通过用地组成的不同形态予以表达。规划中的空间布局，是指空间要素组合的再分布，是规划中的一种设想，是有待实现的规划结果。如果规划的空间布局不合理，即使投入再多也无法达到最佳的利用保护效果，甚至会出现负效应。合理的空间布局对区域经济社会发展、地区优势发挥、资源合理利用、竞争力提升、生态环境保护、高质量生产和高品质生活等都有重大影响。空间布局主要由空间本身的自然和人文条件、决策者的价值取向、当地的法律条例以及项目自身的特点所决定。

空间布局是一项为空间长远发展奠定基础的系统性工程。它必须在调查评价的基础上，按照遵循规律、统筹兼顾、整体协调、时空有序、优化组合、集约高效和美丽舒适的原则，去合理组织空间的利用保护。从可持续发展的角度看，空间布局必须使区域所具有的环境功能得到保留，而对于环境的负面影响必须最小化。空间布局优化有两个基本准则：一是要根据比较利益准则，确定空间的最佳利用方向和利用方式，发挥其绝对优势和相对优势；二是要最大程度发挥空间组织的结构效益，即发挥各个空间要素之间的互补效应。

三、资源和自然资源

（一）资源概念的演化

资源是资财的来源，一般指天然的财源。资源是产生效益的来源。资源通过被转换或利用从而产生效益。资源有三个主要特征：效用、有限可用性和耗尽或消耗的潜力。在不同的学科中，资源的定义和定位也有较大的差异。资源概念在经济学、生物学和生态学、计算机科学、管理和人力资源等各个领域都得到了应用，并与竞争、可持续性、保护和管理等概念联系在一起。

从国土空间规划的需要来看，可将资源分为以下几种类型：

1. 自然资源

一般是指天然存在的自然物，不包括人类加工制造的原材料，如气候资源、土地资源、矿藏资源、水利资源、生物资源、海洋资源等，各种自然景观和天然旅游资源也属于自然资源范畴。

2. 经济资源

是指自然资源经过人类劳动的投入和改造，成为人类社会中对人具有使用价值的物质和条件，即社会财富。例如各种固定资产就是典型的经济资源。

3. 社会资源

就国土空间规划而言，社会资源主要包括人力资源、组织资源和社会关系资源。人力资源是指能够推动整个经济和社会发展的劳动者能力，包括体力和智力。组织资源主要指具有明确目标导向、精心设计结构和有意识协调活动的社会实体能力。社会关系资源，主要指人与人之间一切有用和有价值的关系形态，包括个人与个人、个人与群体、个人与国家，以及群体与群体、群体与国家之间的关系形态，具体如血缘关系、地缘关系、业缘关系等。

4. 文化资源

主要指能够产生效益和促进发展的精神文化形态。如物质性的历史遗存、特色民居、民族服饰、民间工艺，非物质性的语言、文字、音乐、舞蹈、习俗、节庆等。文化资源的生命力要在一定的情景或者相当的环境资源条件支撑下才会产生价值。广义的社会资源也包括文化资源。

5. 信息资源

是以不同方式或指标反映各种客观存在事物的信息的总和，在知识经济环境下，信息是一种具有特殊存在形态且能够带来巨大收益的资源。

（二）自然资源的分类

自然资源是人类能够从自然界获取以满足其需要与欲望的天然生成物以及作用于其上的人类活动结果。自然资源可以按不同的目的、原则或方式等进行分类：

1. 根据发展阶段对自然资源进行分类

（1）潜在资源。潜在资源是已知存在的，将来可能会用到。例如，石油可能存在于许多有沉积岩的地区，但在实际开采并投入使用之前，它仍然是一种潜在资源。

（2）实际资源。实际资源是已调查过的资源，它们的数量和质量是确定的，目前正在使用。例如，正在大庆油田和胜利油田开采的石油。实际资源的开发，如木材加工，取决于现有的技术和所涉及的成本。

2. 根据可更新性对自然资源进行分类

（1）不可再生资源。是在很长的地质时期形成的，例如矿物和化石。由于它们的形成速度极慢，一旦耗尽就无法补充。这类资源又可分为可重复利用资源和不可重复利用资源。如金属矿物可以通过回收从而再次使用，称为能重复利用的资源，但煤和石油不能再循环利用，是不能重复利用的资源。

（2）可再生资源。如森林和渔业资源，可以相对迅速地得到补充或再生，但受到消耗时间和数量的影响，是有条件的可再生资源。而如阳光、空气和风等，被称为恒定性资源，因为它们是连续可得的，并且它们的数量不受人类消费的影响。许多可再生资源可以被人类利用，但也可以被补充，从而保持流动。

3. 根据分布对自然资源进行分类

（1）普遍性资源。即无处不在的资源，例如空气、光线、水等。

（2）地方性资源。只有在世界的某些地区才能找到的资源，例如铜与铁矿石、地热能。

4. 根据形态对自然资源进行分类

按照自然资源存在的形态不同，可将它们分为土地、水、矿产、森林、牧草、物种、海洋、气候、旅游和自然信息 10 种资源。国土空间规划中的自然资源，通常按形态的不同进行分类。

5. 根据固有特征对自然资源进行分类

（1）耗竭性资源。又可分为可更新资源和不可更新资源，前者如土地资源、森林资源、牧场资源等，后者如石油、天然气等。

（2）非耗竭性资源，如太阳能、风能、降水、潮汐能、原子能、大气、自然风光等。

中国自然资源分为全民所有（或者国家所有）和集体所有，各级政府在自然资源开发利用和管理中占据主导地位。中央政府主要对石油天然气、贵重稀有矿产资源、重点国有林区、大江大河大湖和跨境河流、生态功能重要的湿地草原、海域滩涂、珍稀野生动植物种和部分国家公园等直接行使所有权。

（三）辨识资源与环境

自然资源与自然环境是两个不同的概念范畴，可具体对象和范围又经常是同一客体。

自然环境指人类周围所有的客观自然存在物，自然资源则是从人类需要的角度来认识和理解这些要素存在的价值或者说自然资源是自然透过社会经济这个棱镜的反映。因此有人把自然资源和自然环境比喻为一个硬币的两面。但是，资源是相对人的需要而言的，是可以被消耗的，有限性和稀缺性是其重要的本质特征。而环境的价值来源于其本身的存在，如适合人类居住的环境，或者适合某种作物种植的气候，质量和健康是其重要的本质特征。在国土空间规划中，资源是作为优化配置的对象，而环境是作为保护修复的对象，二者的功能定位有较大区别。

四、外部性及其分类

（一）外部性的含义

外部性是普遍存在的空间现象，是现代国土空间规划中最基础的概念。植树造林会对改善和保护生态环境产生积极影响，而污水的任意排放会导致居民生活的不便和环境遭受破坏，这就是所谓的外部性。从经济学的角度看，外部性是指外溢的成本或利益，也就是在市场交换时，非有意造成的结果，或非有意造成的副作用。外部性可能是有利的也可能是有害的，如果有害也就是外部不经济或称负外部性，如污水排放；如果是有利的又称正外部性或外部经济性，如植树造林。外部性实质上是私人成本和社会成本、私人收益和社会收益之间发生的偏离。从资源配置的角度看，外部性是表示当一个行动的某些效益或费用，不在决策者的考虑范围内时所产生的一种低效率的现象，也就是负外部性，它将导致市场失灵。国土空间规划的正当性，就是源于市场失灵所造成的资源利用负外部性。

需要注意的是：①只有非市场性的依赖才能称为外部性，如很多人排队购买某种物品，导致这种商品的价格上涨，通常不认为是外部性，因为这是市场竞争机制造成的结果。②外部性是非故意造成的影响，如果某甲抽烟，故意把烟吹向某乙，通常不称之为外部性。然而如果烟自然地飘向某乙，影响了某乙的呼吸，就造成了外部性。③外部性通常指向非货币的价值而非价格，例如保护或破坏湿地，通常所重视的是湿地的非货币价值。④外部性关注投入和产出的关系，例如空气污染减少了农作物的产量，而减少空气污染需要更多的劳动力、资本和能源的投入。

（二）外部性的分类

一般将外部性分为：正外部性和负外部性，通常所注意的多半是负外部性。外部性也可分为：可耗竭的外部性和不可耗竭的外部性。堆肥是可耗竭的外部性，因为如果一个人用了它，另外一些人就不能再用它。然而，堆肥的气味是不可耗竭的外部性，因为一个人闻到这种气味并不减少其他人所能闻到的这种气味。这种情况同样发生在湿地围垦上，甲围垦了某一块湿地，乙就不能再去围垦了。但是围垦所导致生态环境退化的后果，是所有人都要共同承受的，有时也称之为公共外部性。比较系统的分类，可将外部性分成四种类型：

1. 生产对生产所产生的外部性

例如一个工厂的扩张造成附近交通的拥挤，也会增加其他工厂的运输成本。

2. 生产对消费所产生的外部性

例如一个工厂生产行为所造成的空气污染，会降低附近居民的舒适性。

3. 消费对消费所产生的外部性

例如一栋与附近景观样式不协调的建筑物，会降低附近居民的舒适性。

4. 消费对生产所产生的外部性

例如旅游汽车交通量的增加，会增加生产性交通的拥挤与运输成本。

土地利用，是具有高度外部性的过程，也就是某一块土地的利用活动对相邻或区域土地质量、利用方式选择、土地价值产生都会产生显著的影响。比如，一块城市绿地被批租为商业或其他用地，土地使用权的这种重新确认将导致城市生态环境的外部不经济性；一宗市中心土地如果被批租为商业用地，就排斥了金融等对这一地块使用的可能；建筑物过高，阻挡了毗邻建筑的部分采光、通风、接收无线电信号；上游开发引起的水土流失和环境污染对下游的影响等，都是土地利用负外部性的典型例子。因此，国土空间规划必须详细研究土地利用及其资源开发的外部性问题，尤其是负外部性的影响。

第二节　时间和时代性

一、空间规划的时间性

（一）空间规划和时空间规划

"时间"与"空间"共同构成了人类存在的基本范畴，也构成了规划的"宿命"。规划是对未来的一种安排，所有的未来都是在时间序列上展开的，它是物质运动、变化持续性和顺序性的表现。在人类和社会进化的过程之中，感知时间的方式有其历史性。不同的时代和不同的群体，都有其特殊的时间类型和感知时间的方式。但无论差异性如何，都如爱因斯坦在相对论中指出的那样：不能把时间、空间、物质三者分开解释，时间与空间一起组成四维空间，构成宇宙的基本结构。现代物理学告诉人们，时间和空间都是一种真实的客观存在，它们比物质的存在还要真实和根本。日月运行、四季交替就是"时"，而事件化、结构化了的时刻就是"间"。"时"是"间"的承载者，而"间"则是对"时"的强化和记忆。"时"和"间"一起构成了一切有形和无形运动的连续状态和瞬时状态。

事实上，世界上所有物质与时空并存，只要物质存在，只要物质有运动，就不能忽视时间的作用。"时间"既关系到主体的历史，并左右着它的行为节奏、行为方式和行为速度，同时还关系着这一主体和它身处其中的群体历史连续性。时间地理学就认为，对个体而言，时间和空间都是一种资源，而且是同等重要的和不可分割的资源。空间规划如果只研究空间而忽视时间，不能在合理分配空间资源的同时合理分配时间资源，将会导致人类的不可持续性。因此，空间规划必须融入时间元素，必须关注更多的时间尺度，从空间规划走向时空间规划。所谓时空间规划，就是将时间和空间置于一个整体框架下进行统一谋划。它关注时空间关联、时空间资源、活动-移动系统、时空间结构秩序、时空间行为模式以及时空间路径、时空间活动密度和时空间可达性等问题。

(二) 规划从静止到动态转向

传统意义上的空间与地点是高度统一的，社会生活的空间维度都是受"在场"的支配，即地域性活动支配的。因而，传统意义上的空间规划是一种静态的、确定的和蓝图式的规划。可现实中的空间是动态的、不确定的，空间中的资本、信息、物质、技术、人员等要素都在流动，并在流动中得以存在和发展，在流动中激发社会活力。信息化、全球化进一步加速了流动的步伐甚至是流动形式，一些惯性的壁垒被破坏了。流动在人员、资金、物品、技术、信息等更加复杂的多重时空关系网络中，通过不断演化与迁移得以体现。加速流动的信息时代的来临，使得各种信息流得以在乡村—城市—区域—国家—全球范围内自由、顺畅流动。空间规划的内容，究其实质是一个连续的、永不停止的运动整体。从时间维度看，空间活动的各个环节无法截然分开，与时间紧紧地联系在一起。

不仅如此，现代通信技术可以允许"非同时"和"非同地"的情况下完成相同的活动或任务。IBM 提出"智慧城市"的概念，通过对城市土地利用与公共服务设施空间配置和时间管理的优化，以及对城市居民日常行为模式的引导与调控，就能实现城市空间系统精细化、高效率和低碳化的智能运行。空间规划必须充分认识、理解和把握当代流动性空间的特质和规律，在空间规划中融入强烈的时间流意识，并且进入到这种流动空间的"时间隧道"中去感受、体会，才能寻找到当代规划更加合理的建构逻辑、制定方式和发展规律。在市场经济条件下，规划是一种多阶段的动态决策问题，它所包含的量和质量总是随着时间和空间的变化而不断变化的。因此，在不同的时间阶段，规划应当通过不断的信息反馈、修改再反馈的过程建立规划的动态系统和弹性结构。任何静止和僵化的规划思维，都是违背规划时空耦合性准则的。

二、空间规划的时代性

空间规划必须准确把握新时代的特征，按照时代的特点、时代的要求和时代的高度，才能完成历史的责任和时代的任务。总体上看，新的时代具有以下基本特征：

1. 生态化

在"生存性需求"阶段，发展的核心议题是"生产性努力"，解决这一议题的基本路径是"经济—温饱—发展"。可是在"发展性需求"阶段，社会需求的"内容多样性"和"内涵精神性"是其基本特征，"更好存在"和"更好活着"等非物质的和精神性的需求会上升为主导性需求，生态就是这种主导性需求的核心内容之一。历史表明中国社会进入了一个生态新纪元。因此，空间规划必须贯彻山水林田湖草生命共同体理念，加快推进生态保护修复，实施重要生态系统保护和修复重大工程，优化生态安全屏障体系，构建生态廊道和生物多样性保护网络，提升生态系统质量和稳定性。"生命共同体"思想的提出为推动形成人与自然和谐发展的现代化建设新格局，建设美丽中国和空间规划提供了重要思想遵循。"生命共同体"思想要求正确认识人类与自然之间的关系，科学探讨共同体的系统性与特殊性，在此基础上开展有益于生命共同体共存与发展的行动。

2. 数字化

2022年，我国数字经济规模达50.2万亿元，总量稳居世界第二，同比名义增长10.3%，占国内生产总值比例提升至41.5%。互联网、大数据、人工智能和实体经济深度融合，在中高端消费、创新引领、绿色低碳、共享经济、现代供应链、人力资本服务等领域形成新增长点和新动能。传媒领域通过计算机存储、处理和传播的信息得到了最大速度的推广和传播，数字技术已经成为当代各类传媒的核心技术和普遍技术。

数字化作为后现代社会的一大标志，在为社会带来福祉的同时亦产生了诸多弊端。最为迫切和最受关注的问题即信息安全问题。数字化与网络化相生相随，信息更快速、更广泛地得到了流通，但信息的盗取、泄露、滥用等问题也随之产生。信息安全不仅关乎个人生活，更关乎国家安全问题，保护信息安全将成为未来的重点。此外，数字化也催生了一系列社会问题，如数字鸿沟将扩大阶层间差距。数字化社会的发展呈指数态势上升，未能抓住数字化机遇的国家和个人将与走在数字化前列的国家与阶层产生更大的鸿沟，由数字化带来的信息不平等将扩大为更多领域的不平等。

3. 品质化

近年来，城乡居民收入大幅增加，消费水平进一步提高，消费结构不断优化升级，生活质量进一步改善，更多城乡居民享受到了基本生活保障和社会救助，人民群众得到了更多实惠。包括养老、医疗、失业、工伤、生育保险在内的城乡居民社会保障体系框架基本成熟，覆盖面不断扩大，保障水平逐步提高。从马斯洛需求层次理论看，当人的生理需求被满足以后，必然会追求更高层次的安全需求、情感和归属需求、尊重需求、自我实现需求。当下人们已经开始对生活品质有更高的期望，例如不仅希望食物数量能够保障，更关注食物的质量和安全；不仅希望能够有房住，更关注住房的质量和生态环境；不仅希望有生产空间，更希望能有优良的休闲、娱乐、旅游、观光空间，如此等等。总之，随着社会发展从"生存性需求"向"发展性需求"的升级，人们对空间品质有更多的需求和更高的期望。既要创造更多物质财富和精神财富以满足人民日益增长的美好生活需要，也要提供更多优质生态产品以满足人民日益增长的优美生态环境需要。总体上看，随着社会、经济的发展和价值观的变迁，人们对于生活的追求不再局限于物质层面，社会各领域的变革也朝着满足品质生活而发展。重视度假与休闲、重视精神生活以及关注身体健康成为当代高品质生活的主要特征。

4. 人本化

在工业化时代，生产的核心特征是标准化基础上的批量生产，也就是企业（或车间）在一定时期内，一次出产在质量、结构和制造方法上完全相同的产品（或零部件）。它基本上不考虑个性的差异和个人消费的偏好，是一种无差别的产品制造。当人类进入了后工业化时代，人们对个性化的需求日趋强烈，消费方式将从简单划一的"标准化消费"转向旨在让人性获得全面发展的"个性化消费"。不仅如此，整个社会的运行和发展将更加突出"以人为本"的精神，更加突出以人为中心。空间规划的主体是人，空间规划为谁编制，服务的对象是谁，理所当然要以人为中心。人本主义成为空间规划重要的哲学思维方式之一,它强调空间资源对人类的有用性、可达性、稀缺性和供给的可持续性。充分考虑地域性、个性化、体验性、场景化、便利性、社区化、链接性、复合化等人性需要,将成为一种普遍和必然的组织方式。

第三节 可持续性和竞争力

一、规划实践中的可持续性

可持续性是针对未来的,规划也是针对未来的。因此,可持续性一直是规划学中的核心概念。可持续发展的灵魂是这样一条简明的观念,确保现在和未来世代的人,拥有更好的生活质量。按照可持续性的价值取向,至少要确保今日所编制的规划,从长远来看是正当的和有益的。即使短期动机,如果要回应当下的需求或需要,在决策中不能成为压倒性因素。在进行计算和决策时,需要充分考虑环境的影响和生态的平衡。在规划实践中,决策的可持续性水平,至少需要从以下四个方面进行判断:

(一)土地适宜性

土地在国土空间规划中具有基础性和广泛性的作用,是否按照土地的适宜性对土地资源进行规划利用,是国土空间是否具有可持续性的重要判断标准。所谓土地适宜性,是指土地在一定条件下,对指定用途或特定利用方式的适用性。即某种土地类型持续用于特定用途的适宜程度,用于反映特定利用方式下的土地质量。这种适宜性包括三层含义:①是否适宜,也就是能生产什么,适宜干什么。②适宜到何种程度,也就是高度适宜、中等适宜还是勉强适宜。③存在什么影响适宜性的限制因素,是因为水的限制、工程地质的限制,还是交通的限制等。土地适宜性可以分为现有条件下的适宜性和经过改良后的潜在适宜性两种。所有土地的适宜性都应该是建立在良性生态循环的基础之上的,即在土地的开发利用过程中,不应该造成资源破坏和环境退化。它是国土空间规划调整空间结构和优化发展方向、确定重大建设项目选址、保障空间安全高效和节约集约利用的重要科学基础。

土地适宜性评价是以特定土地利用为目的,评价土地适宜性程度的过程。它从土地利用研究和土地调查开始,要求明确土地利用条件和每一个土地单元的属性和相关的经济社会生态条件,在此基础上进行土地利用的适宜性比较,以及相关经济、社会、生态、文化条件的分析。然后根据比较和分析确定土地适宜性和适宜程度、限制性和限制程度,最终评定出适宜性等级。由于农用地和建设用地的土地利用方式存在根本性的不同,国土空间规划中的土地适宜性评价可分为农用地适宜性评价和建设用地适宜性评价。

1. 农用地适宜性评价

它是指对土地为农作物、牧草、森林所提供的生态环境条件的综合鉴定,可以是一般意义上是否适宜进行农业用途的评价,也可以是针对更具体的农用地利用类型进行适宜性评价。由于水稻、玉米、小麦、牧草、果园、茶园、林木等,对土地所要求的生态环境条件是有很大区别的,因此农用地的适宜性评价可能是多种多样的。尽管评价的目的不同,但评价系统的结构和方法步骤是大同小异的。它更强调任何一块土地均可针对不同利用方式从不同角度进行适宜性评价，即通常人们所说的适宜性评价，其结果为规划决策者的空间结构调整和布局优化提供依据。

2. 建设用地适宜性评价

建设用地适宜性评价主要是为了满足城乡发展建设的要求，对可能作为城乡发展用地的自然环境条件及其工程技术上的可能性与经济性，进行综合质量评定，以确定用地的建设适宜程度，为合理选择城乡发展用地提供科学依据。城乡建设用地适宜性评价通常选择工程地质、地形地貌、水文气象、自然生态和规划控制等指标进行适宜性评价，评定类别包括适宜建设用地、可建设用地、不宜建设用地和不可建设用地等。它可为规划布局、开发边界划定、四区划定、强度管制、综合防灾和现状建设用地风险评定等提供依据。

此外，更加专业的旅游适宜性评价、交通适宜性评价、水利适宜性评价、港口码头适宜性评价、军事工程基地适宜性评价、休闲度假地适宜性评价、大型产业集聚区适宜性评价等，在地方市、县层面的国土空间规划中，也都有开展的必要和需求。可以认为，没有科学的土地适宜性评价，国土空间规划就会失去科学的基础，可持续性就难以保证。

（二）资源承载力

资源承载力是国土空间可持续性的基础支持系统。如果在考虑资源世代分配的情景下，可以满足资源承载力的需要，则表明国土空间的利用具备了持续性的条件；如若不能满足，就应该依靠科技进步或其他路径来挖掘和替代资源，务求"基础支持系统"保持在区域发展需求的范围之中。一个国家或地区的资源承载力，是指在可预见的时期内，利用本地区的能源和其他自然资源，以及智力和技术等，在保障与其社会文化准则相符合的物质生活水平的情况下，所能持续供养的人口数量。在生态学中一般将资源承载力定义为"某一生境所能支持的某一物种的最大数量"。

可以预见，未来资源承载力的概念与传统的承载力含义相比，必然会有很大的发展和创新。从空间规划的角度看，可以将资源承载力的概念定义为：在不损害土地健康和相关生态系统功能的前提下，某一给定区域可以允许的最大自然资源消耗和废物排泄率。这一概念包括以下两条底线：一是不损害土地健康，即不损害土地在其生态系统界面内维持生产，保障环境质量，促进生物与人类健康和维护自我恢复的能力。二是不损害相关生态系统功能，诸如不会引起物种退化或消失等。

（三）环境容许量

容许量，通常简称容量，是指一个物体的容积的大小，也就是物体或者空间所能容纳的单位物体的数量。物理学中的热容量，土壤学中的交换容量，计算机硬盘的容量等，都是广泛使用的概念。"环境容量"一词最早由比利时生物学家弗胡斯特于1838年根据马尔萨斯人口理论提出，他认为在环境中的生物种群可食食物量有一极限值，种群增加也有相应极限值，在生态学中这个极限量被称为环境容量。这一时期环境容量的概念，相当于资源承载力或资源承载量的含义。随着环境污染问题的不断凸显并成为人类最重要的公害之后，现代环境容量概念应运而生。目前大多将环境容量定义为：在人类生存和自然生态不受损害的前提下，某一环境所能容纳污染物的最大负荷量。影响环境容量的因素很多，概括起来主要有以下五个方面：①环境的自净能力；②环境的自然背景值；③环境的质量标准；④污染物的类型和结构；⑤污染物的规模、强度和速度。它具体又可以分为大气环境容量、水环境容量、土壤环境容量等，受自然环境、人口环境和社会环境综合作用的影响。

人对区域的开发，人对资源的利用，人对生产的发展，人对废物的处理等，国土空间规划中的全部行为和要素配置，均应维持在环境的容许容量之内，否则国土空间的发展将不可能延续。

（四）生态系统服务功能

至少保障生态系统服务功能不降低，力求生态系统服务功能有提升，是国土空间规划的重要职责，也是判断国土空间规划是否具备可持续性的重要诊断指标。生态系统服务是指人类从生态系统获得的所有惠益，包括供给服务（如提供食物和水）、调节服务（如控制洪水和疾病）、文化服务（如精神、娱乐和文化收益）以及支持服务（如维持地球生命生存环境的养分循环）。它是生态系统产品和生态系统功能的统一。生态系统服务功能是指生态系统与生态过程所形成及所维持的人类赖以生存的自然环境条件与效用。一类是生态系统产品，如食品、原材料、能源等；另一类是对人类生存及生活质量有贡献的生态系统功能，如调节气候及大气中的气体组成、涵养水源及保持土壤、支持生命的自然环境条件等。生态系统服务的功能主要包括：生产生态系统产品、产生和维持生物多样性、调节气候、减缓旱涝灾害、维持土壤功能、传粉播种、有害生物的控制、净化环境、景观美学与精神文化功能等九个方面。

生态系统服务功能的价值评估方法通常有两种：一是替代市场技术。它以"影子价格"和消费者剩余来表达生态系统服务功能的经济价值，评价方法多种多样，其中有费用支出法、市场价值法、机会成本法、旅行费用法和享乐价格法。二是模拟市场技术。它以支付意愿和净支付意愿来表达生态系统服务功能的经济价值，其评价方法有条件价值法等。通过对生态系统服务功能进行价值评估，包括对森林生态系统、湿地生态系统、农田生态系统、水生态系统、草地生态系统、城市绿地和海洋生态系统服务功能评价等，可以减少和避免那些损害生态系统服务功能的短期行为，更好地满足人民日益增长的生态需要。

生态足迹是表征生态系统服务是否具有可持续性的重要指标。它是指给定人口和经济条件下，维持资源消费和吸收废弃物所需要的生物生产型土地面积（包括陆地和水域）。其基本思想就是通过对生态足迹和生态承载力（区域能提供的生物生产土地面积）的计算和比较分析，来判断人类对自然资产是否过度利用，生态系统服务是否具有可持续性。生态足迹的评估主要从两方面入手：一是从人的自身测度消费的绝大多数资源及产生的废弃物数量；二是将所消费的废弃物与资源转换成相应的生物生产面积，其中包括草地、耕地、化石能源、森林用地、建筑用地和海洋六大类别。如果评估的结果是生态足迹大于生态承载力，则表明区域存在生态赤字，反之表明区域存在生态盈余。它是一种直观的计算人类生态消费、衡量生态系统可持续性的测量工具。但生态足迹的计算是一个复杂的过程，如何表征自然生态系统的服务功能并将其换算成生物生产土地面积，各种土地类型在空间上的关系是相融的还是相互排斥的等，还有待更深入的研究。

二、竞争力

（一）竞争力的内涵

在一般意义上，竞争力是参与者双方或多方在角逐或比较中体现出来的综合能力。就国土空间规划而言，竞争力主要指区域竞争力。从生产力的角度看，区域竞争力是某区域比其他区域具有更高的生产效率；从价值创造的角度看，区域竞争力是指某区域具有更高的不断创造财富和价值的能力；从资源配置的角度看，区域竞争力为吸引集聚和利用要素的能力；从福利经济学的角度看，更强的区域竞争力表现在能够提供更充分的就业、更高的居民收入和更高的生活水准。本书认为，从更长远的角度看，规划语境下的区域竞争力，其本质是一种更强的持续发展能力，具体表现为区域的发展基础更稳固、资源集聚和利用要素能力更高、发展质量更优、抗风险能力更强。

从理论上看，自从新古典经济学诞生以来，竞争就从理论上被假设掉了，取而代之的是"均衡"。由此，均衡分析成为经济学最基本的方法论。可是，在现实的空间实践中，由于利润和规模经济的存在，永远不存在一个均衡状态；而技术竞争、劳动力竞争、资本竞争、土地竞争等无处不在，竞争是一种更普遍的存在形式。其实，空间的竞争性，来源于区域的选择性。它通常有两个基本范畴：其一，在众多的地域系统中，区域开发者会努力选择在开发上最为合适、在经济上最为合算、在时间上最为合宜的那一类区域。这种选择是一种"受胁迫"或"非自由"的状态，这本身就体现出了竞争的内涵；其二，众多的开发者均不同程度地需要同一类的区域，由此出现对区域开发程度、对于资源利用经济性、对于区域识别优先性等一系列的复杂竞争现象。在经济全球化的进程中，各个区域之间的竞争越来越激烈，如何提高区域竞争能力，不仅是国家发展的重要战略，也是企业竞争的优先战略，更是地方政府的核心战略。

（二）规划与竞争力

区域发展既有积极的动力也有消极的阻力。区域发展的阻力主要来源于区域规模集聚带来的区域交易成本的提高和负面外部效应。如果能够通过政策和规划手段缓解和弱化区域发展带来的负面外部效应，资源利用的效率也将得到显著的提高，使区域沿着可持续的轨道发展。要解决区域发展问题，就必须把开发、利用、整治、保护活动作为一个整体去看待。在这个整体中各部分的"决策总和"，是由社会控制和整个机制施加一种外部刺激和协同来进行的。在国土空间中，干扰其内部"宁静"的任何一种外部刺激，肯定会通过空间主体之间的连锁关系或网络关系，被整个地扩散开去。于是，为了提升区域的竞争力，就需对资本、劳动力、土地、技术等全部要素进行整体性的安排和布局，进行系统性的平衡和优化，进行持续性的变化监控和信息反馈，规划无疑就成为最优先和最可靠的选择。

国土空间规划之所以能够提高区域竞争力，具体是通过以下几个方面来影响或优化区域空间结构、区域空间效率、区域空间品质和区域持续发展能力的：①根据地区情景，应该选择哪些开发利用整治保护行为,如工业、商业、住宅、交通、水利、生态、文化等。②在哪里安排何种开发利用整治保护行为最有效。③什么时间安排何种开发利用整治保护行为最合适。④如何根据土地与资本的替代关系决定最佳的开发强度。⑤如何通过交通与土地利用的配合安排人类活动的最佳联系等。其中的每一项规划内容都直接或间接地影响劳动力效率、土地效率、资本效率、基础设施利用效率,进而影响区域竞争力。例如通过空间结构的优化使城市中生活和工商业活动都有最小的交通成本,个人和企业的效益函数就会达到最大,城市的效率就会提高,竞争力也就随之提升。再例如,城市里有各种各样的土地利用类型,如住宅、工业、交通、商业、办公等。一种土地利用类型对其他土地利用类型有负面的影响,如污染工业、飞机场、垃圾处理厂等对住宅的负面影响。如果通过规划的功能分区,将互不相容的土地利用类型在空间上分隔开,即将住宅集中在一起,重工业和污染工业集中在一起,中间用绿带分开,就可以降低土地利用的负外部性,从而提升城市的环境绩效和生活品质,自然也就提升了城市的竞争力。

第四节　目标、政策和管制

一、目标和政策

(一) 目标

目标是个人或组织所期望的成果,是工作的努力方向和要求达到的结果。它隐含着一定的价值观和可以实现的梦想、理想的预期,它或者以指标、标准、规则、图示等方式向系统明确告知,或通过潜移默化地影响,许可、鼓励、促进,或节制、约束、修正系统的行为。规划的目标就是规划所要追求的目的和达到的状态,是基于解决空间开发利用整治保护问题的途径,或基于对空间开发利用整治保护及其相关联的社会经济生态文化的认知,或基于人民对美好生活的向往,或基于国家未来发展的重大战略而确定的未来理想状态。规划目标具有下列基本属性:①概括性。要能用简短文字加以概括提炼,以表示一些理想和所要导向的目的地,具有行动导向功能。②可达性。目标必须既是需要的又是通过一定的努力可以达到的,具有务实性。③可观测性。目标必须是明确的,要便于观察、测量、辨识、检查、比较和判别。④约束性。目标与约束条件是共生的,规划中不但要列出目标,还要列出约束条件。⑤时效性。规划的目标是有时间表的,如长远目标、中长期目标、阶段目标、短期目标等。

一个目标可以转换和细分成若干个具体目标,后者通常以可度量和可实现的形式来表示。并非所有的具体目标都能定量化,特别是那些涉及环境美学和观感质量的目标,基本上是主观的理解并可用不同的理解来解释。例如,持续改善社区的景观质量,提升区域的环境品质等,就很难进行定量化的表达。确定规划目标的难点在于,如果太精确,就可能会影响其他更有活力的方案选择,也无法应对未来发展的不确定性;如果太含糊,例如"使城市生活更美好"等,在政治动员中有价值,但对空间规划就缺少实践意义。不仅如此，目标与目标之间，目标中的因素与其他因素之间，通常是相互矛盾的。例如，发展经济与保护生态在特定时空条件下就经常会出现矛盾冲突。所以，目标最好是概括的，但又足以包括清楚的政策意图。把握好"意向"一词的内涵和技巧，对于理解目标和具体目标具有"钥匙"的作用。

从以控制论为基础的现代规划来看，规划的重点不在于详细描述预期达到的最终状态，而在于研究规划所要完成的目标，为实现目标可能采取的政策措施。目标和政策配套具有十分关键的作用。规划的全部过程，重点就是研究如何设定目标，以及为实现目标如何采取配套政策的问题。

（二）政策

在一般意义上，政策是国家和政党等政治实体，为了实现自己所代表的阶级、阶层的利益与意志，围绕一定时期内需要实现的目标任务，以权威形式规定的一系列准则、方向、方式与指南的总和。本质上，政策是寻求能使决策者或者决策者所代表的群体的利益最大化的目标选择，或是选择为实现所追求的目标而需要的最适合的措施或手段。它是在政策适用范围内对不同群体间的利益矛盾或冲突的协调，为决策者的根本和长远的利益服务，为实现决策者的最终价值目标服务。

政策在大多数情况下是一种政府作为执法主体的代理行为，以及作为政策主体的自主行为，是政府行为与意志的体现，具有明显的目的性。由于各个国家或一个国家不同时期的自然环境、经济环境和政治环境的不同，以及政策制定者的理论基础、价值取向及政策手段形式的差异，政策目标的选择会存在明显的差别。其主要功能都是稳定国家政权，促进社会和谐和利益均衡，实现效率与公平统一，推动社会政治经济的发展。

（三）公共政策

公共政策作为一种历史现象，最早可以追溯到公权力（政府）产生之时。时至如今，它依然关系到人类的生存和发展，渗透在国家和社会生活的方方面面。在生活中会接触到各种形式的公共政策，例如法律、法规、规划、条例、规章等，这些公共政策往往关系到国家的经济发展、社会保障、环境保护、教育卫生等各个领域。它以强大的约束力规范，维持着正常的社会生活秩序。

本书认为对公共政策的定义应把握好以下几个方面的特征：

1. 公共政策的主体具有宽泛性

其中最重要的主体也是最主要的公共权力机构就是政府。除此之外，其主体也包括政府以外的其他公共组织，尤其是一些公共决策性较强的非政府组织，它们所强调的价值取向与公共利益很有可能会对公共决策的制定造成影响。

2. 公共政策具有公共性和目的性，有明确的价值取向

其最主要的价值标准就是维护公共利益，合理分配社会资源，并且一般有比较明确的解决某个社会问题的意图。

3. 公共政策具有权威性

公共政策制定最主要的主体即政府，具有公权力的权威性，因此对于私人生活有合法

干预和管制的权力,这是公共政策与企业政策、私人政策等最大的区别。另外,公共政策的实施也具有法律范围内的强制性。

由此,本书将公共政策的概念界定为:是政府或其他公共权威组织基于维护公共利益,合理分配社会资源的原则而制定的行为规范和行动指南。它是在特定时期、特定情境中为实现一定的具体目标而被制定出来的。由政府组织编制的空间规划,首先是国家意志的体现,是为了更好地引导国家的空间秩序,保障国家的公共利益,维护区域的公平与效率,内生着的政治属性和政治功能,是政治的价值实现,也是政府的行政职能和政治实践。因此,公共政策无疑是国土空间规划的重要核心概念。当然,国土空间规划有其技术特质,是一项知识性活动,不能纯粹理解为是一项公共政策制定。如何在公共政策的框架下,协调好政治与技术的矛盾性和复杂性,是一项需要深入研究的长期课题。

二、制度及其概念辨识

(一)制度的基本性质

根据制度经济学的基本理论,制度有两大功能:一是为人们的行为规范,是一个社会的游戏规则;二是给游戏带来效率。根据这两个功能的要求,制度就是一种约束规则、一种激励结构。从制度作为一种约束规则的角度看,制度的本质是对责、权、利的界定,是塑造经济、政治与社会组织的架构,也是有规则运行的社会互动结构。它可以分为正式制度和非正式制度两大类。正式制度主要包括宪法、法律和各项行政法规等;非正式制度主要包括惯例、风俗、行事准则和行为规范等。从制度作为一种激励结构的角度看,它是社会运作的一种方式,具有动力激励的作用。制度的激励作用主要表现为两个方面:一是在微观上对个体、个人或单个的组织、企业的激励;二是在宏观上以微观制度为基础和前提对整个社会的激励,提供社会有机系统的适应能力、创新能力、自我完善能力和持续发展能力。

从以上制度的性质来看,国土空间规划也可以看作是一项空间再生产的制度。一方面,国土空间规划是一种约束规则,规定了空间开发利用的行为准则和规范,如规定了土地用途、开发强度和建设顺序,划定了永久基本农田保护区、城市开发边界和生态保护红线等,是一项行政法规,是一种正式制度;另一方面,国土空间规划通过整合空间生产要素,优化配置空间资源,合理分配空间权益,明确开发方向、开发重点和开发时序,可更好地防止市场中的机会主义行为,帮助各类主体形成稳定的预期,形成有效的社会激励结构。因此,从制度设计的角度,改革国土空间规划的制度关系和制度结构,完善国土空间规划的制度功能和制度绩效,创新国土空间规划的治理体系和治理能力,是国土空间规划在上层建筑的"核心概念"。

(二)制度、政策与法律

从法权和政治的角度看,"制度""政策"和"法律"三词具有部分的相互替代关系,容易混淆,有必要做区分。

制度、政策和法律都是某种决策产物,指代规则,有相似之处。但政策侧重的是为某种目的采取的一般步骤和具体措施。其根本特点是具有阶级性，只代表特定阶级的利益，从来不代表全体社会成员的利益。法律是由国家制定或认可并由强制力保证实施的具有普遍效力的行为规范体系，具有普适性、规范性、稳定性等特征。政策和法律相对易于区分，它们的区别表现在意志属性不同、规范形式不同、实施方式不同、稳定程度不同。而制度的内涵比政策和法律更广，其可以作为规则的总称，包含政策和法律。从这一层面理解，制度处于内核地位，而政策是制度的具体形式，法律可以理解为制度及政策的一种形态。例如国家的根本制度可以通过宪法来显示，规划政策也有部分通过管理法来显示。而作为规则的总称，制度也可以分为正式制度和非正式制度，在很多方面制度并不以政策和法律的形式出现。例如约定俗成的道德观念并不是政策，城乡建设用地指标交易等政策也不是法律。在国外，政策可以包括法律，因为大多数政策只有立法后才能形成效力。换句话说，所有法律都是政策，但一些政府制定的未经立法的规则，也是政策。在国内，通常认为法律的层级比政策高。

三、国土空间用途管制

国土空间用途管制源于土地用途管制，涉及规划、实施、监督三项核心职责。与土地用途管制制度相比，国土空间用途管制涉及的资源类型更多，不局限在以耕地保护为核心的农用地转用，而是要扩展到以生态保护红线划定为重点的河流、湖泊、地下水、湿地、森林、草原、滩涂、岸线、海洋、荒地、荒漠、戈壁、冰川、高山冻原、无居民海岛等各类自然生态空间以及城乡建设区域，或者更直接地说不仅要管制各类自然资源的空间载体，还要实现对各类开发建设活动的空间管制。在原本意义上，由于土地利用具有很强的负外部性，而且具有多功能性或者说多用途性，为了实现整体利益的最大化和保障公共利益，要实现土地用途管制。不少自然资源的利用并不具有多功能性以及很强的负外部性，例如铜矿的用途是确定的，森林的用途也是基本确定的，如此等等。未来如何将土地用途管制更科学地拓展到国土空间用途管制，还需要做更深入细致的研究。

第五节 产权、市场和利益

一、产权

（一）规划权

规划通过对用途、期限和开发强度等的限定，直接决定了产权的权能和边界，是对产权的一种重新界定，其中包括对地役权的重新定义和对权益秩序的重新制定。大规模规划具有集体财产和公共财产的性质。规划一旦公布实施，某些产权的交易就不具竞争性，也不具排他性。在经济全球化和市场环境条件下，规划权和财产权的本源及联系，已成为国土空间规划需要理解的核心概念。

政府行使公权力，是一种自然的主权者固有的权力。公民选择政府这一管理形式同时实际上已经授予了政府管理社会的权力，即社会契约产生了公权。规划权与征收权不同，它是政府为了保护公众健康、安全以及其他福利，在科学理性的指导下，通过规划实施，对公民私有财产加以限制，是不必给予任何补偿的。例如规定土地用途，划定农用地、建设用地和未利用地，严格限制农用地转为建设用地，控制建设用地总量，对耕地实行特殊保护，以及对历史文化建筑的特殊保护，禁止建设区的划定等。但征收应该给予公平补偿，而规划权即便限制了个人财产权也无须给予补偿。

从权力的来源看，规划权属于主权中的对内统治权，是主权国家为了实现对内的治理而对空间使用进行的规制。同时，也是一种公共行政权，受行政规划法及行政程序法的约束。实施规划权的关键基石是：合法性原则。政府只有在法定权力的基础上，才有权对公民的自由和财产进行干预和限制。也就是说，除非存在通过程序批准的法令对此做了规定，否则不能禁止个人或组织在他们认为合适的情况下建造或者使用其土地。

20世纪以来，公权力的扩张成为各国宪法上的一大特色。公权力的无限扩大，难免会在不知不觉中构成对公民财产权的侵害，造成公民财产权客观上的消耗与丧失，规划权的行使也不例外。为了防止规划权的滥用，各国通常规定必须秉持合法性原则以外，还要求符合比例原则。所谓比例原则，就是应当从适当性、必要性、均衡性等三个方面对规划权的规制性进行审查评价。适当性是指规划权的行使必须符合公共利益，有利于提高资源的整体配置效率；必要性是指规划权的行使应该是对财产权人权益损害最小的，也就是要符合损害最小原则；均衡性要求规划权实现所形成的公共利益应该大于对财产权所造成的损害。

（二）财产权

在法学和经济学中，财产权都是一个重要的概念。财产权作为人身权的相应对称，是指一定民事权利主体在日常经济活动中所享有的、存在经济利益的权利集合。一般而言，财产权可以用货币来进行价值的衡量计算，具有可让与性。财产权主要包括以所有权为主的物权、准物权、债权、知识产权等。

在财产权体系中，物权与债权的关系最为密切。物权是指直接支配物的权利，具有排他的效力、优先的效力与追及的效力。物权包括所有权与限制物权。限制物权可分为用益物权与担保物权。用益物权包括存在于土地（不动产）之上的地上权、地役权；而担保物权包括存在于动产、不动产与某些权利之上的抵押权、质权、留置权。债权是请求他人为一定行为（作为或不作为）而得到生活上的利益的权利。债权与物权的差异在于，债权具有对人性，且不具有排他性或像物权那样的可转移性。

二、市场

（一）市场的含义

无论哪一种经济体系，专业、分工与交易都是基本要素。交易的工具或媒介是货币，交易的场所或地域通常就称为市场。也就是说，市场的最原始含义是由供给方、需求方、交易设施等硬件要素和交易的结算、评估、信息服务等软件要素构成的交易平台。在社会经济系统中，物尽其用靠交易，财富主要在交换中被创造，因为交换提升了物的使用价值。

从这一角度看，市场是用于促进交易的一种组织机构。通过这一种组织形式，实现了资源的有效配置。可见，市场的第二层含义是作为一种配置资源的手段或机制。按交易对象的具体内容不同，市场可细分为：商品市场、技术市场、劳动力市场、金融市场、信息市场。

在空间规划领域，市场主要指第二层含义，它是作为一种配置资源的手段或机制而发挥作用的。所谓市场机制，就是指通过市场竞争配置资源的方式，即资源在市场上通过自由竞争与自由交换来实现配置的机制，也是价值规律的实现形式。具体来说，它是一种供求、价格、竞争、风险等要素之间互相联系及作用的机理，其构成要素主要有市场价格机制、供求机制、竞争机制和风险机制等。在一般意义上，市场配置资源是有效率的。国土空间规划在空间再生产的谋划中应当十分重视生产什么以及如何生产的市场机制，充分重视发挥市场在资源配置中的作用。

（二）市场的限度

由于现实中的市场存在太多的外部性污染、信息不对称的欺骗、委托代理关系的道德风险以及完全契约的不可能性，市场在资源配置中的作用是有限度的。尤其是国土空间规划中的土地市场，更是如此。例如上文提及的土地利用的"外部性"，私有财产权或契约自由的一般市场原则，并不能够为城市生活所导致的种种复杂问题提供直截了当的答案。事实上，如果市场如此完美，能够实行资源的最优化配置，为什么个体之间还会有意图地建立企业和合作组织，为什么政府的存在还有必要，为什么欧美这些市场经济高度发达的国家还都要编制空间规划？究其原因就是市场的价格机制无法解决外部性、"搭便车"和"囚徒困境"等难题，使得市场配置资源的效率大大降低，这也是空间规划存在的正当性理由。

三、利益

（一）私人利益

"利益"是指主体对客体（其他人、事物或者关系）的参与，表现为某个特定的（精神或者物质）客体对主体具有意义，并且为主体自己或者其他评价者直接认为、合理地假定或者承认对有关主体的存在有价值。也就是说，利益更多地表现为对主体与客体的关系的一种价值判断，是被主体所获得或肯定的积极的价值。因此，价值判断的主观性、多元性和历史性也决定了在不同的社会背景、历史文化下，利益的内容具有相当的多面性和可变性，它是由个人、集团或整个社会的、道德的、宗教的、政治的、经济的以及其他方面的观点所创造的。

有关利益的分类，从法学上看主要是公共利益与个人利益的划分。所谓个人利益，通常是指个人物质生活和精神生活需要的满足，包括生存需要的满足、发展需要的满足和享受需要的满足。生存需要是个人及其家庭维持生命的存在和延续后代的需要；发展需要是个人的思想、智力和体力等方面发展完善的需要；享受需要是人提高生活质量的需要。

无论作为理性人或者有限理性人，个人都会主动而自觉地选择那种导致个人利益最大化的行动路线。这种无限的贪婪或愉悦感是有限资源环境灾难的根源。国土空间规划的重要功能，就在于对这种无限膨胀的私人利益进行限制，以保障社会的长远利益和可持续发展。

（二）公共利益

所谓公共利益，核心体现在公共上。公共利益是一个与私人利益相对的概念，其落点是所有社会主体所共有的普遍利益，而不仅仅是某一个体或是某个特定利益共同体的利益。真正的公共利益应该使社会中的每个人都能从其提供的服务中得到益处，获得生活质量或生活状况的改善。简言之，公共利益是与公众有关，为全社会主体所共有的整体利益。

国土空间规划的合法性是建立在"公共利益"基础之上的。在规划实践中，如何秉持空间规划的"公共利益"属性，是一件十分复杂和困难的决策选择。一部分人会从规划中获利，而另外一些人则可能会受到某种形式的损失。在后现代社会，公共利益作为一种价值判断，更加多元化和多样性，自我利益、职业利益、部门利益、地方利益、开发商利益、性别利益、群体利益、社区利益、环境利益、经济利益、国家利益等，都很可能以不同方式重叠或矛盾。因此，国土空间规划需要引进现代治理理论，自始至终依赖于开放和透明的过程，防止个人决策中心化，同时也要防止公共利益被等同于个人自由。要通过制度和程序设计，实现"公平博弈"，达成最大化公共利益的目标。从根本上说，为了能够在实践维度上秉持国土空间规划的公共利益属性，需要不断的提问：本规划能兑现一个更好社会、更好环境和更好经济的承诺吗？

第六节 人类行为和有限理性

一、人和人类的基本需要

（一）需要与基本需要

需要是形成动机的前提，也是个人的心理活动与行为的基本动力。人的需要具有四个典型的特征：①需要具有共同性和独特性，每个人都存在需要，但个体之间的需要存在明显的差异性，这导致难以对其进行完全客观和准确的经验测量。②需要具有整体关联性，即个体的各种需要是相互联系和影响的整体。③需要具有实践性，当眼下的环境不能很好地满足人的需要时，人类会对事物进行人为的改造。在这一过程中，人们的实践水平获得提高，又能够为更高水平的需要进行新的实践活动。④需要具有社会制约性和历史性，指人的各种需要的产生和满足程度，都会受到一定社会环境条件与社会发展水平的制约，随之变化发展。

基于"需要"的概念，人的基本需要，即指在特定的社会生活条件下人类共有的为了个体生存、成长与发展，维持其身心平衡所必须满足的最基本的需求。如果一个人没有被满足基本需要，就无法达到作为"人"的最低生活状态。也就是说，个人有权利最大限度地满足这些需要，衡量所有人类解放的标准应该是评估这种满足的程度。

（二）基本需要的分类

人类是社会性的动物，其基本需要可以相应地被分为两类：生理性需要与社会性需要。人类作为动物，必须依赖空气、水、食物等自然物质条件才能生存发展，也有性、婚配及繁殖后代的需要，这类需求被称为"生理性需要"，也是人类最强有力的需要。而同时，每个人都是生存在社会中的个体，其发展也需要依赖社会交往、社会群体等条件。为了满足精神生活水平，人类同样存在社会性、情感性、认知性及精神性的需要。基于此，美国著名心理学家马斯洛提出了人类基本需要层次论，将人的基本需要按其重要性和发生的先后顺序排列成了以下五个层次：生理需要、安全需要、情感和归属的需要、尊重的需要、自我实现的需要。

国土空间规划的出发点和归宿都是为了更好地满足人类对美好生活向往的需要，这是国土空间规划必须坚持的人本主义思维。由于人类作为社会体的需要往往比生理性需要更为细致，同时需要也会受到经济发展水平和文化大环境中主流价值观的影响，而且需要的满足必须以一定的经济条件为前提，在不同的经济发展阶段和水平上，人类需要在满足范围和满足程度上都会有相应的变化。因此，国土空间规划必须充分把握不同区域和不同发展阶段人类基本需要的特点，才能编制出有用和管用的规划。例如，随着我国经济的迅速发展和居民收入的不断提高，人们的基本需要已经由基本的温饱、出行需求向提高生活品质和增强精神享受方面转变，并逐渐开始关注享受型、发展型的高层次需求，积极追求自我实现的需求，而不再仅局限于生存型的需求。如果国土空间规划模式不能适应这种需要的变化，失效是必然的。

二、国土空间中人的基本行为

人的基本行为以人的需要为动因，是有机体在各类内外部刺激影响下所产生的活动。而国土空间作为行为的载体，能够促进人类各种形式活动的有序开展。明确人在国土空间中的各类基本行为及影响行为的因素，有利于真正按照人的需要和心理变化对国土空间进行合理规划，使空间设计与人的行为活动紧密结合，促进国土空间的人性化利用，更好地体现国土空间的人身属性和伦理属性。国土空间中人的基本行为包括人们所进行的各种日常活动，例如消费行为、迁移行为、通勤行为和交际休闲行为等。

（一）消费行为

消费是人类日常行为活动中重要的组成部分。消费行为，即消费者寻找、购买、使用和评价用以满足需求的商品和劳务所表现出的一切脑体活动，是一个十分复杂的过程。影响消费者行为的因素有很多，而其中最为重要的是消费者的购买需要。马斯洛的"基本需要层次论"将人的基本需要分为生理需要、安全需要、情感和归属的需要、尊重的需要、自我实现的需要五个层次，而每一层次的需要都会成为某种消费行为的动机。当消费者产生这种需要，有了对各类商品或服务的需求，这种动机才会促进消费行为的发生。

此外，消费者自身的因素及所处的社会地理环境也会影响个体的偏好，从而对消费行为产生影响。不同消费者的职业、年龄、文化水平、性格爱好迥异，所处的地理环境或文化环境不同，相应的消费需求及消费行为也就不同。同时，消费者的收入也对其消费行为存在制约作用。随着社会经济条件的改善，居民的购物行为越来越呈现复杂化、多样化的趋势，对居民消费行为动态、消费理念转变和消费行为对空间质量需求的微观研究，可以为国土空间规划提供重要的理论依据。

（二）迁移行为

迁移行为，也称迁居行为，是人口从原居住区迁往新居住区的一种空间移动，一般以住宅位置的改变为标志。在现代社会，迁移行为已成为一种越来越普遍的人类活动。

促使人类产生迁移行为的因素有很多，主要包括自然灾害因素、战争因素、经济因素、偏好变化因素等。其中自然灾害因素和战争因素属于人类为了维持基本的生存条件，迫不得已而产生的迁移行为。而从经济因素而言，人类一般会倾向于从经济较落后的地区向经济条件较好的地区迁移。而当一个人的偏好发生变化，不再渴望大都市的喧嚣繁华，而是希望返璞归真，享受平静淡泊的田园生活，也有可能选择从喧闹嘈杂的城市迁往空气清新、环境优美的乡村。

随着生活条件的改善，居民选择居住地的多样性和自主性不断提高，在迁移行为中更加受到个人偏好和个人收入因素的影响。深入研究居民迁移行为，有利于优化国土空间结构，为国土空间合理布局提供理论指引。

（三）通勤行为

通勤行为指的是居民从居住地往返工作地点的空间行为。通勤作为连接居住地（住房市场）与就业地（劳动力市场）的重要空间联系，能够反映聚落区域居住空间结构与就业空间结构的特征。通勤行为的主要表征指标包括通勤距离、通勤时间、通勤方向、通勤线路等。

随着时代变迁，城乡就业空间经历了意义深远的重构，职住关系逐渐由"职住接近"的单位大院模式，向功能分区推动下的"职住分离"模式转变，居民的通勤行为日益频繁，其距离、时间、方向等特征也都有了显著的变化。居住在郊区或乡村而在城市就业，居住在城市而在小镇就业等现象，变得越来越普遍。国土空间规划如何适应城乡居民的通勤行为变化，是一个需要认真研究的重要课题。

（四）交际休闲行为

在人们的日常生活中，交际与休闲行为是必不可少的，这类行为同样与空间联系紧密，并且呈现一定的规律性。例如，一般而言，交际次数会随着距离的增加而递减；工作日人们的休闲行为活动范围多位于居住地点或工作地点附近，而在周末其休闲行为活动空间会相对增大，由居住地向四周扩散。

"以人为本"是国土空间规划的基本遵循。从这一角度来看，把握国土空间中人的基本是空间行为规律，深刻认识居民消费、迁移、通勤和交际休闲行为活动与国土空间的互动关系，对实现国土空间规划的宗旨尤其重要。

三、人对国土空间的景观感受

（一）景观的三个层面

景观是一个地理学名词，其概念一般泛指地面可见景象的综合，即地表的风光景色。生态学上将景观定义为：由相互作用的生态系统组成，以相似的形式重复出现的一个空间异质性区域，是具有分类含义的自然综合体。但随着景观学的发展和人文地理学研究的深入，目前国内外对于景观概念的解释更趋于综合，既强调地理环境的整体面貌，也涵盖了区域单位中自然与人文的综合过程。其含义大致可从以下三个层面进行理解：

1. 视觉形态层面

这一层面的景观定义是狭义的，即指基于空间和视觉形态的所有自然的与人工的可供人们欣赏的景色，强调景观的形象化映象。

2. 自然资源层面

这一层面的诠释认为景观将空间、土地、地形、水体、动植物、气候、光照等自然资源涵盖在内，其重点在于景观的客体。

3. 人文活动层面

这一层面的景观释义强调景观中人的活动与行为，认为景观涉及与人类息息相关的历史文化、风土人情、风俗习惯等。

人对国土空间的景观感受，更侧重景观的可见形态与人在景观空间中获得的感知之间的关系，所指的景观应该更偏向于第一与第三层次。

（二）空间的景观感受

景观具有空间体验性。处于空间中的人会遵循自身本能，不断感知周围多种多样的景观环境，认知自己所在场地的自然景观与文化内涵，从而形成一种对景观空间的特定印象，也就是所谓人的景观感受。这种景观感受主要是通过人的感官来综合感知获得的，主要包括：视觉感知、听觉感知、嗅觉感知、触觉感知和味觉感知。

1. 视觉感知

视觉感知的感受范围最广，也最为直观，其能够获取的信息占人类感官可获取信息总量的80%以上。视觉能使人感知景观空间中物体元素的色彩、形状、大小、动静、质感等，也可以感受空间的方向、距离、体积感等多方面的特征。如果景物的体量、色彩、动静不同，就会给身处空间中的人带来不一样的视觉体验和心理感受。例如，体量大或色彩艳丽的景物更容易吸引观赏者的注意力，带来视觉冲击，使其给人留下深刻印象。景观空间的形状、尺度不一，也会给人带来不同的感受，例如规则严谨的景观空间让人感觉严肃压抑，而不规则的自然景观则让人感觉轻松自由。此外，视觉感受还受到许多因素的影响，例如视距变化、观察范围、视角范围、人的移动速度等都会影响到对景观空间的视觉感受。比如，当人的移动速度提高时，其观察的视野范围就会缩小，注意力则会随之更为集中。

2. 听觉感知

听觉是人类获取信息的重要方式之一，景观空间中的声音设计能够使人们获得丰富的听觉感知。不同的声音能够给人带来不同的心理印象，甚至影响人的情感。例如，轻快跳跃的声音能够使人感到轻松愉悦，而低沉的声音容易使人压抑紧张甚至恐惧，尖锐的声音则总给人不舒服的感觉。随着城镇化进程的急剧加快，一些城市的生态环境遭到了破坏，在当下许多城市景观中，人们每天接收到的多是嘈杂的噪声，例如施工队的声音、汽车鸣笛声等，容易使人产生焦躁烦闷的景观感受。基于听觉的景观设计，未来在规划中应当增强空间绿化，使人们能够从空间中获取更多自然的声音，例如虫鸣鸟叫、流水潺潺，既能够平衡声音环境，也有助于提高人的景观感受体验。

3. 嗅觉感知

嗅觉是人们感受空间的重要手段之一，人类通过呼吸可以嗅到不同的气味，从而产生不同的情绪感受。例如，不同花卉的香气能使人体验自然，感受到季节的更替和时间的流逝；寺院中焚香的气味能使人感到宁静和敬畏；马路上汽车尾气的味道使人感到不适和憋闷；雨后草地清新的空气和青草芳香使人感到轻松愉悦等。相对于视觉和听觉而言，嗅觉的空间感知范围相对较小，通常需要靠近某个物体才能嗅到它所散发的味道。而且由于嗅觉细胞的适应能力，嗅觉感知也会随着时间的流逝而衰减。

4. 触觉感知

与视觉、听觉和嗅觉相比，触觉的感知距离最小。通过触觉，可以感受到空间的距离和方向，感受物体的形状、质感、温度和材质等。触摸不同特质的物体能够给人带来不同的情感体验，例如摸到粗糙的物体，人会产生艰涩不悦的感受；摸到尖锐的物体，刺痛容易使人恐慌；摸到顺滑柔软的物体，则容易使人产生愉悦感。而触觉中的温觉、凉觉则是独特的肤觉体验，受环境因素中的光照、湿度和风速影响。例如，微风拂面会使人感到舒适惬意，而凛冽的寒风刺痛皮肤，会令人感到畏惧和可怖。当触觉与视觉共同作用时，还会产生一种别样的感知方式——视触觉。比如当人在注视河水或溪石时，即使没有真正触摸这些物体，也会有清凉或坚硬的感觉，从而产生别样的景观感受。

5. 味觉感知

景观空间中的味觉感知主要包括"品尝"景观。例如在植物大棚中采摘水果时，人们可以一边观赏景观，一边采摘果实来品尝；在郊外游玩时，可以掬一捧清甜凉爽的溪水饮用，由此产生的味觉体验也会给人以独特的景观感受。

综合视觉、听觉、嗅觉、触觉、味觉途径，人可以获得对景观空间整体、有机的真实感受。不过，这种感受是存在个体差异的。一方面，是因为人体的感知器官具有局限性和差异性；另一方面，人对景观的感受既基于感官感知，也包含了个人情感、理解等种种因素，与一个人的受教育程度、个人喜好、思维能力、生活经验、情感经历、文化背景等有紧密的关联。

随着人们对美好生活的向往，国土空间规划中深入研究人对国土空间的景观感受，整合协调景观空间中的五官感知，融入景观规划方法，重视景观空间感受设计，有利于创造自然与人文共存的、能够满足人类心理需求的空间景观，提升居民的环境体验，为人们带来更美好的体验。

四、人的有限理性和行为选择

(一) 有限理性的基本含义

无论古典经济学或新古典经济学，一直都在"理性人"假设的基础上对经济主体的行为选择进行分析。"理性人"的假设认为，经济主体的行为都服从应然性的理性原则，每一个从事经济活动的经济主体都是利己的。也就是说，无论是个人、企业、社会团体或政府机构，都会想尽一切办法来合理利用自身的有限资源，以最小的经济代价来为自己获取最大的经济效用或利润。

(二) 有限理性与规划行为

传统空间规划总是认为区域未来的发展目标是可知的，过程是可控的，政府的干预是正当的。从认识论的角度看，其思想基础是一种基于完全理性的理性建构主义。按照理性建构主义的逻辑，空间的自然演进是混乱无序的，不符合社会的整体利益和长远利益。政府和规划师通过调查和预测，具有控制空间发展方向的能力，能够使空间发展实现未来的"蓝图"。可是，基于完全理性建构的空间规划，常常会以失败而告终。事实上，在空间规划编制的过程中，存在对现存问题认识不理性和规划信息调查不完备的问题；在分析预测、规划设计方面存在局限和主观性，无法获取最优规划方案；决策者的个人利益、在组织中的地位也会左右其决策过程等，都难以达到完全理性。因此，受到经济、政治、社会以及个人等诸多因素的影响，空间规划不可能做到完全理性。

未来的国土空间规划，既不能像建构理性主义者所认为的那样，是完全可知、可控和确定的；也不能像自发演进论所认为的那样，是不可知、不可控和不必控的。人类的理性确实无法把握和控制所有的不确定性和不可控因素，但是空间发展毕竟有一定的规律可循，只要正确认识和遵循这些规律，是能够取得事半功倍效果的。因此，国土空间规划的行为选择有必要承认"有限理性"的存在，避免规划的"过度自负"，尤其是避免领导决策中心化所造成的"过度自负"，也要避免规划的"不可知论"，实现演进性与构造性、确定性与不确定性的统一。

第七节 规划和国土空间规划

一、规划和空间规划

(一) 规划

一般说来，规划是对系统未来发展的一种谋划、安排、部署或展望。英文中的"规划"有两种表达：一是"Plan"；二是"Planning"。前者意指规划方案，含有谋划"结果"的意义；后者强调动作，具有谋划"过程"的意义。现代规划的概念起源于1948年美国数学家威纳确立和命名的控制论，它是对管理系统发展战略的总体谋划，是在众多的抉择中经过合理的评估和选择确定组合目标并提供解决方案的过程。以控制论为基础的现代规划，其重点不在于详细描述预期达到的最终状态，而是着重研究规划所要完成的目标，为实现目标可能采取的途径和政策措施，同时分析各种政策和措施可能造成的各种后果，并从中找出最满意的行动方案。

规划是决策过程和行动实施过程的统一体，为了达到特定的规划目标，不仅要预先决定、安排相应的手段和途径，还要考虑如何对这些手段和途径进行具体的应用。从这一角度看，规划是为了实现社会整体利益和公共利益，实现决策者所确定的社会、经济、环境、资源方面的长远目标，做出理性选择，提供未来系统发展战略并借助合法权威对系统行为及其变化不断进行动态调节和控制的过程。其本质突出表现在以下四个方面：

1. 对管理目标的贡献性

在积分决策学中，规划亦成为管理目标。各种规划的目的，在于解决系统所面临的问题，包括过去、现在和将来可能面临的问题并实现系统所确立的目标。它作为一项普遍性的活动，是为解决问题或达成一定目标而制定未来行动纲领并不断付诸实施的行为。

2. 对社会发展的公共性

无论是市场主导经济或政府主导经济的国家，都会通过编制规划来保障公共利益和社会整体利益，改善生态环境和社会环境，促进社会经济的发展和区域之间的均衡。因而规划具有显著的公共性。

3. 对未来状态的前瞻性

规划是对未来发展状态的一种谋划，从根本上说，规划是对未来行为的有意识表达，是对未来发展的一种预判和前瞻，其最基本的特点是未来的导向性。

4. 对系统组织的有效性

面对现代复杂多变的社会经济系统，如果缺乏周密科学的规划，就不能采取有效的组织行动，系统活动就没有标准，集体行动就失去方向。按照现代耗散结构理论和自组织系统学说，规划能使系统从无序到有序，对系统发展具有普遍的有效性，能使系统效果总体最佳。

在最宽泛的意义上，每个人或组织都在从事一定形式的规划活动。所谓人无远虑，必有近忧，即说明每个人或组织都在从事规划。作为"规划"，有国土规划、城市规划、土地规划、生态规划、景观规划、公司规划、财政规划、军事规划、教育规划、国民经济和社会发展规划等。但无论何种规划，其目的都是确保未来的发展能力，塑造优于现在的未来，是一种人类活动的组织哲学。

（二）空间规划

按照规划是否主要以空间为对象，可将规划分为空间规划和非空间规划两大类型：

1. 空间规划

空间是一种地域实体性存在，物理地理空间的尺度性和区位性，是其最基本的属性。

所有以地域实体作为主要研究对象的规划，通常称为空间规划。它是对空间合理保护、开发、利用、修复和治理的规划，其核心是建立各种空间保护开发之间的关系，包括空间数量、质量、结构、强度及其变化之间的关系。空间规划不只是控制性的规划，而是为了满足未来发展的需要。空间关系本身也构成发展的内容，其目的是区域和社会整体更好地发展。如城市规划、土地规划、景观规划、国土规划等，都属于空间规划的范畴。在空间规划体系中，国土空间规划是最高层级的空间规划，它是国家和地方空间发展的指南、可持续发展的空间蓝图，是各类开发保护建设活动的基本依据。空间规划应当超越传统的土地规划或城市规划，是基于一系列更为广泛的需求来制定的，如乡村经济、城市发展、住房需求、能源政策、医疗和教育设施均等化、农业生产、生态保护、环境治理、文化复兴、交通组织等。它需要应用更广泛的专业技巧来整合这些需要，并以一种整体性和系统性的方式理解空间结构和布局。

2. 非空间规划

不是以物理地理空间的地域实体作为主要研究对象的规划，通常称为非空间规划。如财政规划、教育规划、科技规划、公司规划、经济发展规划、社会发展规划等，都属于非空间规划。非空间规划并不意味着一点都不涉及空间问题，只是规划的目的主要不是解决空间结构调整和空间布局优化等空间问题。例如经济社会发展规划，主要是解决经济、社会、政治、财政、文化、法制、科技、环境乃至外交等领域的发展问题。但由于人类的经济社会活动总是在特定的地域和空间进行的，多少也会有空间规划的属性，有空间规划属性并不等于就是空间规划。在非空间规划体系中，国民经济和社会发展规划是最高层级的规划。

理论上，空间规划大多是长期规划，因为空间规划的核心是土地利用和设施建设及其相互匹配，无论是土地利用或设施建设的布局结构和形态，都是经过历史的长期发展所形成的，通过规划来改变空间布局结构和形态并非一朝一夕之功，需要一个相当长的时间。例如大型的开发区建设、高速公路建设、水库建设，都需要5~10年甚至更长，一旦落地就需要保持很长时间的稳定，不能随意改变。而非空间规划更多是短期规划，因为经济社会的发展日新月异，市场的不确定性导致规划很难预测更长远的变化，因而无法做出长远规划。空间规划和非空间规划应该相互协调和衔接，但如果矛盾无法达成一致，非空间的短期规划应该服从和服务于空间的长远规划，或者说短期规划应该在长远规划的约束下进行，而不是相反。

二、国土空间规划的内涵

（一）国土空间规划的概念

国土空间规划不是简单的城市规划、土地利用规划或主体功能区规划的延伸，也不是简单的"多规合一"产物，而是"区域整体"的谋划。它是一种新的规划类型，"多规合一"成果不能等同于国土空间规划。整体是构成一个事物的相关局部的总和，但不能误解为独立的、自我的、先验的局部之和。其中误解的重要原因就在于现有的认知逻辑基本上是线性逻辑，如演绎逻辑和归纳逻辑等，比如认为先有局部再有整体，但实际上局部是整体的局部，脱离了整体就不是这个局部，整体和局部之间本质上是一种彼此确认的同时性逻辑。不能简单地把"整体"理解为"全部"，因为对"全部"的意识，本质上是一种整体割裂后的拼贴。这种拼贴违背了整体性内部基于特定关联关系相依相生、共同导向同时又受制于总和功能的属性，也就是违背了"整体关系链"逻辑。"机器运行""时钟运转"和"自然界运动"也都是同样的逻辑。事实上，"多规合一"只是国土空间规划的基础，后者有其自身的"整体关系链"和特定的结构功能，不能将国土空间规划等同于"多规合一"。从国土空间发展的历史逻辑、功能逻辑、整体逻辑和现实逻辑看，可将国土空间规划的概念表达如下：以自然资源调查评价为基础，以动态演化的国土空间为对象，以协调人与自然共生为主线，以优化空间结构、提升空间效率和提高空间品质为核心，对土地利用、设施布局、开发秩序、资源配置等全要素所做的整体性部署和策略性安排，并将之付诸实施和进行治理的过程性活动。按照简明性原则，也可以做如下定义：国土空间规划是对国土空间有效保护、有序开发、高效利用和高品质建设的整体性谋划和有目的的行动。正如上文所指出的那样，是国家和地方空间发展的指南，可持续发展的空间蓝图，是在国土空间范围内进行各类开发、保护、利用、修复、治理、建设等活动的基本依据，具有以下基本特性：

1. 整体性

整体性是国土空间规划的本体，其存在的价值和意义就在于它的整体性。国土空间规划是对区域内国土空间整体协调发展、资源合理配置、建设要素综合布置和人居环境全面优化所做的系统性安排。它既包括城市、乡村和海洋已建成和将要建设的空间整体布局，也包含农用地、生态用地和海域等非建设空间的系统规划；既涉及国家的发展和利益，也涉及地方的发展和利益，更涉及居民的环境与生活；既为增长，也为社会，更为生态。因此，国土空间规划的功能是通过整体效应最优的局部干预来实现的，具有功能整体性和逻辑一体性的属性。

2. 战略性

国土空间规划是对未来发展的一种谋划、预判和前瞻，它要向人们展示未来发展的意愿、目标和使命，战略引领是其内生的要求。所谓战略性，就意味着规划的着眼点不是过去和当前，而是未来的前景，它要对规划地区全部国土空间要素的战略布局做出重要决策。考虑长远性和全局性发展，战略性是其生命力所在。如果国土空间规划也像某些股民一样，"买涨不买跌"，不能很好地把握未来的发展趋势，不能引导和促进空间朝着有利的方向发展，不能在空间未来发展的多种可能性中进行更理性的选择，不能在具备相互关联性和复杂性的空间中缓解未来的不确定性，只是就事论事的安排空间利用方式、开发类型和布局结构，规划就会失去存在的价值。

3. 时空性

时空性是由国土空间的属性所决定的，它要求国土空间规划不能只停留于明确区域国土空间开发利用保护的一般发展方向，而是要把整体性谋划和建设布局落实到具体空间和时间内。这种时空性决定了国土空间规划有三个重要的特点：①层级性。这是由空间的尺度性决定的。它要求国土空间规划要根据尺度不同设置不同的层级，而且层级之间是可控制、可传递和可反馈的。例如设置国家级、省级、市级、县级国土空间规划等。②地域性。由于各地区的资源禀赋、经济发展条件、社会基础等千差万别，各地区未来的发展方向、目标、地域结构、产业结构和布局结构、土地利用、各种基础设施和服务设施的建设也就不同，因而规划必须根据各区域空间的特殊性，因地制宜、扬长避短，充分反映地区的空间特色。③时间性。所有规划都是在未来的时间序列上展开的，时间、空间和物质共同构成空间规划的基本结构。传统空间规划的重要缺陷就是只关注空间而忽视时间的作用，或者将两者割裂开来进行观察。从时间性来看，规划是一个动态过程，它是为发展变化而进行的。任何静态而非动态的思维，都是违背空间规划基本逻辑的。

4. 约束性

正如前文所指出的那样，市场存在太多的外部性污染、信息不对称的欺骗、委托代理关系的道德风险以及完全契约的不可能性，它在空间资源配置中的作用是有限度的，时常会产生市场失灵。国土空间在数量、质量、类型、潜力等方面都是有限的，再加之位置固定性和稀缺性，约束性是一种长期的普遍存在，而且其强度还会不断加大。为此，国际上才会不断地出现可持续发展、理性增长、紧凑城市等应对资源环境约束的发展策略。国土空间规划为了应对资源环境的硬约束，平衡经济发展与环境保护的矛盾，控制由市场盲目性所导致的无序性开发和碎片化开发，降低土地利用的负外部性，必须要有约束性，包括起点约束、过程约束和结果约束，刚性约束和弹性约束，用途约束和结构约束，也包括程序控制、目标控制和分层控制，是一项公共政策。否则，规划就可能沦为"墙上挂挂"。

此外，国土空间规划也与其他规划一样，具有以下共同特点：①目的性。国土空间规划是为了明确方向，制定目标，并为实现某种目标或状态而采取的行动。②动态性。由于人们对未来的预测、分析和判断有一定的局限性，而且随着时间的推移，原来被认为理想的方案和谋划也需要不断地根据实施过程中反馈的信息进行调整，因此规划总是一个动态的过程。③弹性。由于未来的发展充满不确定性，所以规划都要保留一定的弹性。弹性意味着系统具有通过自组织途径吸纳外部冲击和内部扰乱的能力，是系统稳定性的表现。这就要求规划系统要具有多样性、开放性和冗余性。

需要指出的是，在理解国土空间规划的概念时，应当深入思考以下问题：

（1）为什么要规划？预期目标、意图和结果及其相关目的是什么？

（2）谁在进行规划？政府官员、专家、规划师、企业家、公众或是他们的联合体？各自应该拥有何种比例和话语权？

（3）如何进行规划？空间配置应该采用何种依据、原则、技术、方法和假设？步骤和过程是如何设计的？

（4）在何种条件下规划？规划的自然生态背景、经济社会发展阶段和时代性如何？规划方案是在什么条件下达成共识的？争论的主要焦点是什么？

（5）谁在实施规划？为了实施这项规划，什么样的资源、参与者、合伙人和条件应该是必备的？尤其是财政金融资源、社会资本资源、政策制度资源是否匹配，对规划实施具有关键性的作用。

还需要指出的是，国土有众多属性，其中最重要的是具有"要素"和"空间"的双重属性。作为一种"要素"，具有显著的资产性，需要充分发挥市场在要素配置中的基础性作用。但作为一种"空间"，具有显著的公共性，需要充分发挥政府在空间配置中的管控作用。因此，在国土空间规划中除了强化政府的管控作用以外，还需要给市场留下足够的空间。规划不能包办一切，也不能代替一切。规划重点是保障永久基本农田保护区、生态敏感区、城乡规划建设区和通道结构的公共利益，其他非公共利益部分应该留给市场发挥作用。

（二）国土空间规划的要点

国土空间规划包含的内容极其丰富，涉及国家安全、可持续发展、土地利用、基础设施布局、产业结构、乡村振兴、景观生态、文化保护、人口迁移、资源配置、环境保护、民生保障等。如果国土空间规划变得无所不能，则结果可能是一无所能。如果国土空间规划不是无所不能，它可能或有所能。因此，国土空间规划必须充分把握以下要点：

1. 国土空间规划是一个着力底线安全控制的规划

要立足资源承载能力、环境容量和生态系统服务功能，优先划定生态保护红线、永久基本农田红线、城镇开发边界控制线和历史文化红线等关系到国家安全和可持续发展的底线，保障粮食安全、生态安全、经济安全、社会安全、文化安全和国防安全。

2. 国土空间规划是一个注重空间均衡发展的规划

要通过科学的国土空间开发适宜性评价和资源环境承载力评价，规范空间开发秩序，合理控制开发强度，促进人口、经济、资源、环境的空间均衡发展，促进城乡空间均衡发展，促进陆海空间统筹发展。

3. 国土空间规划是一个协调国土空间开发保护矛盾的规划

城市建设与基本农田保护、地上建设与地下矿产开发、农业开发与水资源保护、上游开发与下游开发等，要通过国土空间规划的统筹安排，解决各类空间规划重叠、各种空间利用矛盾及其负外部性问题，实现全域全类型的国土空间用途管制。

4. 国土空间规划是一个覆盖全域城乡建设布局的规划

国土空间规划需要对城乡居民点、各种基础设施和公共设施，包括产业集聚区、交通、水利、港口、防灾减灾、能源环境、电力通信、文化卫生等建设工程进行合理布局，实现各类工程设施与土地利用和空间资源的高效整合。

5. 国土空间规划是一个资源节约集约和高效开发的规划

要按照促进国土空间集约紧凑布局和高效开发的原则，坚持结构优化、节约优先、循环利用为主的方针，推动国土空间生产力合理布局，统筹好存量用地和增量用地的需求，防止资源过度开发和粗放利用，加强全生命周期管理，加强土地利用和交通及其他基础设施的耦合，切实提升区域发展的整体效率、凝聚力和竞争力。

6. 国土空间规划是一个提升生态质量和品质功能、促进绿色发展的规划

国土空间规划坚持以人为本、生态优先、绿色发展、尊重规律，以全域综合整治和国土空间生态修复为抓手，全面提升国土空间的生态质量和品质功能，促进美丽中国和美好家园建设。例如通过国土整治修复石漠化、沙化、水土流失、土壤污染等土地退化，通过

"国土整治+"助力美丽乡村建设和乡村振兴、助推资源型城市转型，通过城市土地整治服务城市有机更新改造提升城市品质，通过小流域综合整治夯实防洪减灾能力和促进水资源的合理利用等，更好地满足高质量生产和高品质生活的需要，形成低碳发展方式和绿色生活方式，形成与自然、历史、文化之间相和谐，与人的生活和经济活动相和谐的美丽国土空间。安全、活力和集约是现阶段国土空间规划的三大核心要点。

三、国土空间规划的体系

（一）空间规划体系的基本含义

"体系"一词，英文为"System"，泛指一定范围内或同类的事物按照一定的秩序和内部联系组合而成的整体。体系的概念最容易与系统相混淆，系统是指同类事物按一定的关系组成的整体，二者并无本质的区别，英文都是"System"。但在中文的话语体系里，系统较之于体系更具有综合性，更强调结构和功能，体系只是系统中的一部分。例如自然资源系统下的国土空间规划体系，卫生系统下的医疗卫生保障体系等。

规划系统中的支撑运作逻辑就是"层级制"，它是指一种分级系统的秩序和安排，最普遍的一种形式就是垂直层级制，也就是权力和威信是在某种情境中向下行使和授权，用反馈成环的运动向上回返。在规划系统的长期演进过程中，已经创造出一种清晰的层级制。按照结构主义的观点，规划目标和政策如果缺少层级制的形式，就不能有效运作。规划中垂直的一致性被认为是工具性的需要。如果没有这样一个决策之树，规划目标和政策的合法性与活力会受到影响。积极的层级制，就是通过一种自上而下的命令流，维持规划在更低层级上的连贯一致性能使目标和政策得到更好的实施。

所谓空间规划体系，是指由各类空间规划按照一定秩序和内部联系组合而成并有效运转的整体。简言之，它是不同空间规划组合成的结构化整体。广义上，空间规划体系包括法规体系、行政体系和运行体系所组成的系统，狭义上仅指规划运行体系，通常所称的空间规划体系都指狭义的规划运行体系。更广义上，规划体系包括：①编制和审批体系；②监督和实施体系；③技术和方法体系；④政策和法规体系。层级制是空间规划体系的典型特征，是一种包含某种组织化的支配链，按照试图控制和规范行为来划定边界和框架，要求上层规划在下层规划被连贯一致地传达和实施。

构成空间规划体系的各层次规划和各类型规划，都有不同的内容和重点、不同的实施途径和具体措施、不同的管制手段和引导方式。在纵向上，下层次规划是上层次规划的深化、落实和具体化；在横向上，各类型规划是构成统领性空间规划实施的各个维度，也是其实施的方略。无论各级或各类空间规划，其核心是降低负外部性和提供公共产品，例如良好的生态环境、可靠的公共安全、充裕的公共基础设施、完善的社会福利设施、充满活力的公共空间等，这也是空间规划体系的基本定位。在空间规划体系中，需要区分两种不同类型的规划：一是对政府决策进行管制和引导的规划，例如总体规划和专项规划；二是政府对各类开发建设行为进行管制和引导的规划，例如控制性详细规划等。

(二) 原空间规划体系存在的问题

1949年中华人民共和国成立后，我国开始编制不同类型的空间规划或计划。经过长达半个多世纪的探索实践，我国空间规划工作取得了长足进步，已制定诸多不同层级、不同内容的空间性规划，组成了一个复杂的体系共同进行经济、社会、生态等政策的地理表达，主要包括主体功能规划、城乡规划、土地利用规划、生态环境规划、基础设施规划等系列。然而我国空间规划体系却存在许多问题：一是规划种类日益繁杂、相互掣肘，影响规划运行效率；二是规划层级日益增多，事权错配，影响空间政策的统一性和有效性；三是规划决策部门色彩浓厚、领导干预过多，影响规划的权威性和严肃性；四是规划法治化、规范化建设滞后，影响规划的公正性与科学性；五是空间规划呈现强烈的以建设为主的工业化特征，缺少整体性和系统性，缺少对人文、生态和社会的全面关注。

(三) 国土空间规划体系的重新建构

国土空间规划体系是指由不同类型、不同层次的空间规划按一定秩序和内部联系所组合构成的系统。建立国土空间规划体系的主要目的是明确国土空间规划的层次、从属关系和空间管理事权，以统一的空间规划结构整合空间权责，从而明晰不同层次和不同类型空间规划的功能定位和规划内容，完善相应的"国土空间开发保护制度"，着力解决因无序开发、过度开发、分散开发导致的优质耕地资源、水资源和生态空间占用过多，生物多样性减少，环境污染等影响国家和社会公共安全问题，落实国土空间用途管制，促进生态文明建设和可持续发展。

国土空间规划体系的结构，按照治理体系和治理能力现代化的要求，应该是一个由基础、主体、层级、类型、相互关系、控制参量、法律制度和监管体系所构成的复杂系统：①基础。建立在不同基础上的国土空间规划体系，规划的结构功能和实施效果是不相同的。以自然资源调查为基础，通过国土空间开发适宜性评价和国土资源环境承载能力评价，为国土空间规划编制提供扎实的基础，有利于促进人与自然的共生。②主体。包括各级人民政府、专家和公众。应该按照现代治理理论，建立政府、企业、专家、居民等多元主体平等协商和持续对话的机制，打破空间规划由政府单向度决策的格局。③层级。总体上按照"一级政府、一级规划、一级事权"的原则设置规划层级，在不同层级之间可以设置跨区域的国土空间规划。④类别。按规划详细程度不同可分为总体规划、专项规划和详细规划。⑤控制参量。规划是一种控制，需要设置永久基本农田保护规模、建设用地规模、生态保护红线等约束性指标，对规划实行逐级控制。⑥机制。包括纵向和横向两个层面的协调运行机制。横向机制主要解决同级政府不同职能部门之间空间管控冲突的问题；纵向机制主要解决上级政府对下级政府各类空间行为如何进行有效管控和引导调控问题。总体上形成自上而下逐级控制、总体规划与专项规划相互促进的运行机制。⑦法制。需要制定《国土空间开发保护法》和《国土空间规划法》或《国土空间规划条例》，以确定国土空间开发保护的法律定位和国土空间规划的法律地位，明确国土空间规划编制、审批的主体，实施、评估、修改和衔接程序，监督及实施的法律责任等。⑧监管。按照从管理走向监管的要求，建立统一的空间基础信息平台，健全规划"监测-评估-维护"机制，建立共建共治共享治理结构，维护规划的有效实施。总体上，应当构建以国土空间治理和国土空间结构优化为主要内容，建立全国统一、权责清晰、相互衔接、分级管理、科学高效的国土空间规划体系，整体谋划国土空间开发保护格局，综合考虑人口分布、经济布局、自然资源利用、生态环境保护等因素，科学布局生产空间、生活空间和生态空间，着力解决空间性规划重叠冲突、部门职责交叉重复、地方规划朝令夕改，尤其是换一届领导编一轮规划的问题。最终按照中央与地方改革的大方向，国家治理体系和治理能力现代化的总目标，形成"中央统一决策、约束有力"和"地方因地制宜、灵活有效"的国土空间规划体系。

国土空间规划体系的基本结构可以表述为"5+3"。所谓"5"，是指在纵向结构上，按照"一级政府、一级事权、一级规划"的总原则，全国分为五级规划：国家、省、市、县、乡五个层级。乡镇是否必须编制国土空间规划，由于全国各地情况千差万别，可以由当地政府根据需要来决定。鉴于乡镇政府大多缺乏编制国土空间规划的能力，同时也考虑减少规划层级的需要，可以在县级国土空间规划的基础上，通过划分国土空间规划单元，将县级国土空间规划落实到规划单元和具体的地块。各级国土空间规划需要打破传统"部门同构"形成"上下一般粗"的格局，以及各级政府"事权共担"所造成的"千规一面"问题。上下级规划的基本关系是：下级国土空间规划应当依据上一级国土空间规划编制，不得违反上级规划的强制内容，例如建设用地规模和用海总量不得超过上级国土空间规划确定的控制指标，耕地保有量和永久基本农田等不得低于上级国土空间规划确定的控制指标。所谓"3"，是指规划的类型分为总体规划、详细规划和专项规划。总体规划对专项规划起约束引导作用，是详细规划的依据；各类专项规划要相互协同，并与详细规划做好衔接。

（四）新规划体系可能面临的挑战

2018年3月，中共中央印发《深化党和国家机构改革方案》，组建自然资源部，将主体功能区规划、城乡规划、土地利用总体规划等统一整合到自然资源部，中国空间规划和空间治理走进了新时代。2018年8月，中共中央办公厅、国务院办公厅印发《自然资源部职能配置、内设机构和人员编制规定》，设置国土空间规划局，进一步明确了新空间规划体系的顶层设计。然而，新空间规划体系是我国行政管理体制的重要组成部分，而行政管理体制及其相关利益机制中存在的深层次矛盾并未从根本上解决，同时缘于新空间规划体系本身的复杂性，以及惯性思维、路径依赖和隐身衣错觉的普遍存在，新空间规划体系仍将面临以下挑战：

1. 管理体制的条块分割格局，影响空间结构优化

所谓条块分割的管理体制，是我国行政管理实践中的一种特殊组织结构。"条条"是指从中央到地方各级政府业务内容性质相同的职能部门；"块块"是指由不同职能部门组合而成的各个层级政府。条块结构中地方政府所处的"双重从属制"身份，造成了条块矛盾的问题。改革开放以来，尽管我国在条块关系上曾进行了数次调整，但始终没有跳出"一收就死，一放就乱"的恶性循环。"条条"的权力过分集中、地方政府统一协调能力欠佳，与"块块"各自为政、中央调控不力的现象同时并存。2018年的政府行政体制改革，在国家治理体系和治理能力现代化方面有重大进步，但条块分割的基本格局尚未从根本上改变。条块之间推责争权、相互扯皮，"块块"之间各自为政，按职能进行管理的系统与按属地管理的系统之间"两张皮"，中央与地方利益冲突博弈等弊端，也还有待从根本上破解。由于空间规划所要解决的空间结构调整和布局优化等问题，是一个带有全局性、整体性和系统性的事务，涉及从中央到地方的各级政府以及各级政府中的绝大部分职能部门，根本无法通过简单的条块化分割来进行。而正如前文所述，新的空间规划体系又内嵌于行政管理的条块分割体制，如此一来，如何在条块分割体制下进行空间结构和布局优化，如何在长期形成的条块思维和条块管理体制中完成空间规划管理的职能和职责，将面临严峻的挑战和不确定性。

2. 部门利益膨胀和相互掣肘，影响空间治理效率

对当今中国来说，社会转型所带来的利益分化和对利益的追求不可避免地影响到了政府部门，政府部门在行政管理中经常偏离"公共利益"导向，以追求部门自身局部利益的形式来变相实现行业或个人利益，部门利益的不当扩张已成为一个十分普遍的问题。从理论上说，公共机构尤其是政府部门及官员追求自身的组织目标或自身利益而非公共利益或社会福利，这种现象被称为内在效应或内部（在）性。犹如外部性被看成是市场缺陷及市场失灵的重要原因一样，内部性或内效应也被认为是非市场缺陷和政府失效的一个基本原因。虽然国家的顶层设计已经把空间规划的职能统一赋予自然资源部门，但是由于行政部门的内部性现象不可避免，在实施过程中仍然会出现各自封闭、相互掣肘的现象，导致空间规划很难落实到位。

3. 政府和市场的边界难界定，影响国家整体利益

无论空间规划如何改革，其目标都是为了解决市场失灵和政府失灵问题，满足空间可持续发展和空间治理现代化的需要。可是，政府与市场因素在空间规划上互为因果。一方面，政府确定的规划边界是市场作用的结果，通过无形市场作用形成自发的空间生产体系，再由于无形市场中空间边际效应的作用引发空间生产要素的集聚现象，为空间规划提供了最初的规划"底板"与空间要素配置导引；另一方面，市场也是政府规划作用的结果，所谓"城市"，先有了"城"才有了"市"，空间规划通过边界规划来确定空间用途管制准则，引导生产要素的空间配置，逐步形成市场。但同时，政府与市场因素又相互制约、相互警惕。由于政府背后的空间权力有不同的利益群体代表，市场的基本属性是自利性的，在试图获得有限资源的冲突过程中，市场职能在于通过资源的优化配置实现效率最佳。"市场"是"资本"的集合，但在具体行动中，其最大的特征却是倾向于效率优先甚至效率为上的自我"个体行动"，这种以实现自我效率为目标的行动，最终也将在一系列政府方案中妥协或者协调中回归到"集体行动"上。

如果政府与市场职能边界不清晰，政府过度干预市场的行为会时有发生，不但容易导致经济非理性波动，也会挤占有限的财政资源，由此扼杀社会发展活力。由此而产生的后果就是政府职能"越位"与"缺位"并存，出现空间规划控制不利或者无效的局面。因此，空间规划改革必须明晰政府作用的刚性边界和市场调节的弹性边界，处理好规划刚性和弹性的关系。毫无疑问，在市场条件下，未来的发展是不确定的。一个社会的基本共识是，在不确定的发展环境中规划应该保留足够的弹性。社会活力是生存力、发展力与限制

力的平衡，一个社会要有活力，就应该尽量减少限制或者禁止。在"多规合一"改革之前，一方面各类规划相互是不衔接的，不衔接就意味着有"缝隙"，有"缝隙"就意味着有弹性；另一方面，政府各主管部门之间是经常有摩擦的，可以"扯皮"就意味着有商量或妥协的余地，也就意味着有一定的弹性。也就是说，在"多规时代"，交易费用是高的，但规划保留了一定的弹性，在某种程度上也有利于经济社会发展。"多规合一"后，空间规划呈现"一本规划、一张蓝图、一个平台"，规划之间的"缝隙"消失了，规划之间的"商量"余地也减少了，如果规划由此失去弹性，没有给予市场充分的自主，对未来的经济社会发展可能是一种隐患。因此，规划必须正确处理好刚性与弹性的关系，过于刚性或过于弹性，或者"刚性不刚，弹性不弹"，都是不可取的，也影响国家整体利益。

四、国土空间规划的类型

（一）按规划详略程度划分

按规划详略程度的不同，可以将国土空间规划分为国土空间总体规划、国土空间专项规划和国土空间详细规划。三种类型的规划在战略意义、规划作用和实际指导功能上都有较大的差异。

1. 国土空间总体规划

国土空间总体规划是对国土空间结构和功能的整体性安排，具有战略性、整体性、约束性、引导性等基本特性，是其他各类空间性规划的上位规划，是国土空间进行各类开发建设活动、实施国土空间用途管制和制定其他规划的基本依据。区域发展规划、城乡总体规划、土地利用总体规划、主体功能区规划等各类涉及空间要素的其他总体规划都应纳入或整合到国土空间总体规划，不再单独进行编制。

2. 国土空间专项规划

国土空间专项规划是在国土空间总体规划的框架控制下，针对国土空间的某一方面或某一个特定问题而制定的规划，如生态保育规划、交通港口规划、水利工程规划、国土整治规划、风景旅游规划等。专项规划必须符合总体规划的要求，与总体规划相衔接，同时又是总体规划在某一特定领域的细化，是对总体规划的某个重点领域所做的补充和深化，具有针对性、专一性和从属性。它具体可以区分为区域性专项规划和行业专项规划。区域性专项规划包括海岸带规划、以国家公园为主体的自然保护地规划、城市群和都市圈规划，以及跨行政区域或流域的国土空间规划等；行业专项规划是以空间利用为主的某一领域专项规划，包括交通、能源、水利、信息等基础设施，公共服务设施，军事设施，国防安全设施，以及生态环境保护、文物保护等专项规划。

3. 国土空间详细规划

国土空间详细规划是以总体规划或专项规划为依据，对一定时期内局部地区具体地块用途、强度、空间环境和各项工程建设所做的实施性安排，是开展国土空间开发保护活动、实施国土空间用途管制、进行各项建设等的法定依据。详细规划具有微观性和地方性，范围一般比较小，直接服务于具体项目。一般来说，详细规划具有明确的区域范围，明确的建设目标和内容，明确的各类用地指标调整方案，明确的工程布置或综合措施方案，明确的工程投资概算和资金保障。其内容应当包括：土地使用性质及其兼容性等用地功能控制要求；容积率、建筑高度、建筑密度、绿地率等用地指标；基础设施、公共服务设施、公共安全设施的用地规模、范围及具体控制要求，地下管线控制要求；基础设施用地的控制界线即黄线、各类绿地范围的控制线即绿线、历史文化街区和历史建筑的保护范围界线即紫线、地表水体保护和控制的地域界线即蓝线等"四线"及控制要求。详细规划确定的各地块的主要用途、建筑密度、建筑高度、容积率、绿地率、基础设施和公共服务设施配套规定应当作为强制性内容。

城市地区的详细规划可分为控制性详细规划和修建性详细规划。控制性详细规划确定建设地区的土地使用性质和使用强度的控制指标、道路和工程管线控制位置以及空间环境的规划要求；修建性详细规划针对当前开发修建地区制定各项建筑和工程设施的设计和施工的规划设计。乡村地区的详细规划可以分为乡村建设详细规划、农业用地详细规划和特别功能区详细规划等类型。乡村建设详细规划主要包括乡村基础设施、乡村交通与道路系统、乡村公共服务设施、乡村历史环境和传统风貌保护、乡村综合防灾减灾、乡村历史文化遗产保护、乡村社区建设等详细规划；农业用地详细规划主要包括耕地、园地、林地、牧草地、水产用地等详细规划；特别功能区详细规划主要包括国家公园、旅游区、风景名胜区、生态保育区、自然保护区、小流域整治、大江大河整治、退化土地整治等详细规划。控制性详细规划应该由政府来管控，但修建性详细规划应该更多地发挥市场的作用。

(二) 按规划区域功能划分

国土空间的重要特性是具有地域分异，在不同地域或区域，国土空间的结构和功能有很大差别，甚至存在根本性不同。例如城市地区和乡村地区，区域结构和功能都有根本性的不同。如果按照区域功能的差异进行划分，可分为城市地区空间规划、乡村地区空间规划、海洋地区空间规划和特别地区空间规划。由于陆地城市地区和乡村地区的规划，主要是为人服务的，与海洋地区空间规划有着很大的不同，所以也可以将海洋地区空间规划纳入特别地区空间规划。无论城市地区空间规划、乡村地区空间规划还是特别地区空间规划，其性质都属于专项规划。

1. 城市地区空间规划

城市地区的国土空间规划，不是传统意义上的城市总体规划，而是根据国土空间总体规划已经明确城镇体系、城市发展战略、城市发展目标、城市功能定位、城市发展规模、城市布局形态的基础上，对城市基础设施、城市公共设施、城市生态景观、城市社会文化、城市居住用地、城市产业用地及城市地下空间等的规划。

2. 乡村地区空间规划

制定乡村地区国土空间规划，需要依据国土空间总体规划，在分析乡村发展要素和尊重乡村空间多样性的基础上，深化发掘乡村发展的新动力，优化乡村空间布局和重点项目配置，合理规划乡村基础设施，保护乡村生态环境，传承乡村历史文化，并着力推动城乡统筹和均等化。规划的主要内容应包括：乡村基础设施规划、乡村社区布局规划、乡村产业发展规划、乡村服务设施规划、乡村生态景观保护规划、乡村历史文化保护规划、耕地和其他农用地整治规划等。

3. 特别地区空间规划

除了城市地区和乡村地区规划以外，某些具有特别功能和意义的重点区域，也需要进行专门的国土空间规划，例如流域空间规划、海洋空间规划、城市群空间规划等。流域空间规划旨在对流域的治理及开发利用进行综合指导和管理保护，内容包括综合防洪规划、治理规划、灌溉规划、城乡供水规划、主要支流及重要湖泊开发保护规划等内容。海洋空间规划则旨在提高海洋空间资源开发利用的质量和效益，是人类为了更好地对海洋活动进行管理，提高海洋空间治理能力而制定的一项空间规划。城市群或都市圈空间规划着重强调城市群体或都市圈而非单个城市的区域内部空间协调与区域协调发展，旨在优化城市群或都市圈内部功能结构，提高城市群或都市圈整体发展水平和辐射带动作用。

第二章　国土空间规划的理论基础

第一节　国土空间规划的存在依据

一、降低土地利用的负外部性

(一) 土地利用具有显著的外部性

土地作为人类生存、繁衍、活动的载体，也是社会与经济发展的重要基础条件。它与一般自然资源最重要的不同，就是土地利用具有显著的外部性。而所谓外部性，亦称外部成本、外部效应，最初是一种经济学概念，其定义为某个经济主体的决策与行为使另一个经济主体产生受损或受益的外部影响，而这种外部影响又不能以市场价格来进行衡量。土地外部性可以定义为人们在利用土地的过程中，对他人的生活、工作或者生产活动或社会所造成的影响，并且这种影响难以用市场价格进行具体量化。而对应的可以将其划分为正外部性与负外部性。土地的正外部性是指土地使用者对本地块进行的开发利用为相邻地块带来额外的土地收益，这种收益无须由受益者支付任何代价。而土地的负外部性是指由于土地使用者在该地块上进行的活动导致相邻地块土地所有者（或使用者）权益的损失，引起土地外部不经济。而土地外部性的承受者虽与土地利用者没有直接关系，但他们不能自主地选择或避免这种外部性对自己造成的影响，这就造成了土地利用者的私人收益与社会收益、私人成本与社会成本不一致的现象。需要指出的是，只有非市场性的依赖才能称为外部性。如果许多人排队购买某种物品，导致这种商品的价格上涨，那么这种影响就不算是外部性，因为它是市场机制作用的结果。

在土地利用过程中，受到多种因素的影响，例如土地本身的性质、经济活动的复杂性等，外部性的产生是不可避免的。从经济活动来看，土地作为生产和经济建设的基础，人们必然在生产生活中与土地有着复杂的互动过程，而随着社会经济的发展，人类活动对土地的影响也越来越深刻。而每块土地的利用方式都具有社会性，不仅关系着本区域内的环境和经济效益，而且必然会延伸至周边地区。例如，上游森林砍伐所造成的水土流失会使下游的河道形成淤塞，造成不良影响；垃圾填埋场的兴建会严重地限制附近土地利用方式的选择，从而降低土地的价值；某土地使用者使用土地进行化工生产时，对相邻土地造成污染，负外部性使得社会其他成员蒙受损失，但清除污染的费用并不由造成污染的土地利用者承担等。应该指出的是，土地利用负外部性的造成不仅限于个人或公司的经济活动，地方政府也可能是土地利用负外部性形成的根本动因。例如，地方政府为片面追求短期的经济利益，大面积占用优质耕地推进开发区建设，就对后代人的土地利用产生显著的负外部性；或者在一些相对欠发达的地区，地方政府为了短期 GDP 而引进发达地区转移而来的污染企业等，都是在政府层面上土地利用负外部性的典型例子，而且这种潜在的负面影响范围更广、时间更久。

（二）规划能降低土地利用外部性

不少经济学家试图通过市场的途径来解决土地利用的负外部性问题，但均未取得预期效果。对付负外部性最有效的方法是，可以通过课税或补贴予以解决。但是在实际操作上，因为信息不对称和不完全，它面临以下难以解决的困境，而事实上无法解决土地利用的负外部性问题：①不可能获得准确的课税或补贴的利益和成本函数。②当污染者或污染源众多时，如何调查和确认负外部性产生的主体。③如何确定负外部性对不同财产造成的受害程度。④如何测定排放量，如何确定它与课税标准之间的对称关系。⑤最适税率如何计算，如何保证高效率和低效率主体之间的公平。⑥解决不了课税或补贴的技术标准，就无法立法，也就无法实施。

而空间规划，通过合理的功能分区和政策分区，实行严格的分区用途管制，例如把住宅区和工厂区分开布置，把垃圾填埋场布置在无人居住区，把飞机场布局在比较偏远的郊区，对流域的上游限制开发等，就能把土地利用的负外部性问题降低。科学的国土空间规划，有利于妥善处理山、水、田、城、人之间的关系，建立山水林田湖草生命共同体，协调不同土地利用之间造成的冲突，较好地解决土地利用可能影响资源利用、危害生态环境、影响产业发展、影响区域发展和产生社会伤害等负外部性问题。

二、维护空间开发的公共利益

（一）何谓空间开发的公共利益

所谓公共利益，从公共政策方面来看，公共利益是一切政策的出发点和最终归宿，也是公共政策的灵魂和目的。无论在规范层面还是在实践层面上，"公共利益"存在的必要性都无可争议。而国土空间规划作为一项公共政策，公共利益是其价值所在，更是其合法性的基本依据。维护和增进公共利益是一切政府活动最基本的行为准则，也是行使一切政府权力、公共行政的最终归宿，如果国土空间开发不代表公共利益，规划就失去了合法性基础。

就空间开发而言，所谓公共利益是一个与私人利益相对应的范畴，是社会公众对空间社会文明状态和秩序的一种愿望和需求，如提供公共交通、生态文明、共同发展，保障公共健康和安全、人与自然和谐等。它不是个人利益的叠加，而是公众整体利益的表达。在本质上，公共利益具有社会共享性。也就是说公共利益具有相对普遍性和非特定性，而且具有"共同受益性"。这种受益性不一定表现为直接的、明显的"正受益"，也包括利益的丧失和潜在危险等。在空间资源配置过程中，公园、绿地、道路、排水等，无法由市场反映其供需；耕地与建设用地的合理比例，土地开发与生态环境保护，市场也无法调节。

（二）规划有利于维护公共利益

国土空间规划是确定国土空间未来发展、国土资源合理分配、推动社会经济稳定发展的综合部署，是一定时期内国土开发的蓝图，也是国家发展规划的重要组成部分。从《全国国土规划纲要（2016—2030年）》来看，国土空间规划其起点就在于维护国土空间开发的公共利益，推进形成国土空间开发新格局，推动城乡区域协调发展，协调各区域国土开发，提升生产、生活和生态空间的和谐有序。从根本上说，空间规划是协调社会不同利益的一种工具，其根本目标就在于实现公共利益的最大化，提供一个优美而令人愉快的公共环境，这也是其合法性的根本来源。而国土空间规划正是针对公共利益，建立起国土空间集聚开发、分类保护、综合整治三位一体的空间治理新体系，实质上就是对国土空间的未来发展进行方向的引导与资源配置，其中重要的一点就在于维护涉及全社会的公共利益。同时，由于公共利益的特点，也需要有合理的规划体系存在来实现社会公众对公共利益的共享。空间规划在维护公共利益方面具有以下显著特点：

1. 国土空间规划中的公共利益有层次的区别

地区或者专项的规划固然能维护公共利益，但将其放到更高层次的整体规划中，如果与国家目标、社会稳定等重大利益发生矛盾，就成为低层次的个人利益，必须让位于全社会追求的公共利益。这就需要国土空间规划在全局上发挥统筹引导的作用，协调不同层次之间的资源分配以保障覆盖面更广、意义更为深远的公共利益。

2. 国土空间规划中的公共利益有长短之分

在空间开发规划中经常会涉及长期利益和短期利益的矛盾。生态文明建设、推进绿色发展、完善基础设施等着眼于长期公共利益的规划思想可能会影响局部的短期利益，但是由于资源的稀缺性与规划的科学性、权威性，必须将短期与长期的公共利益统筹考虑，这实质上就是需要保障社会处于可持续发展状态，不能为了眼前利益牺牲长远的可持续发展潜力。而着眼于战略性视角的国土空间规划更容易分清主次矛盾，实现对长期利益与短期利益的统筹兼顾，在时间维度上引导空间结构动态优化和资源分配，保证社会发展的可持续性。

3. 国土空间规划中的公共利益是多数人的共同利益最大化和少数人利益损失最小化的统一

正如前文所说，规划是对国土空间的未来发展进行方向的引导，涉及具体的眼前利益和长远利益，而不同的利益主体从自身角度出发都会设法影响规划的方向和布局，规划中多方利益的博弈在所难免，而博弈的结果可能就使得规划难以实现公共利益的最大限度开发，因此需要有强有力的权威来主导规划导向，片面强调公众参与有时未必能维护长远时间尺度上最大多数人的公共利益。

4. 国土空间规划中的公共利益可能是非营利性的

公共利益是多数人的利益，在国土空间规划的博弈过程中，追逐自身利益最大化的利益集团经常并不考虑公共利益，对生态环境质量的改善、完善基础设施的建设、推动生态文明发展等非营利性的社会行为，都需要由强有力的政府部门来主导，而主导的关键就在于国土空间规划这一发展蓝图。因此，国土空间规划能够反映社会大众的利益诉求，尤其是在公共设施、公共空间等公共物品及公共服务的提供上，保证了社会大众能公平合理地分享社会发展和国土开发带来的利益。所以，编制规划要进行市场分析是需要的，但如果过分强调适应市场，是背离规划存在依据的。在很大程度上可以说，规划是为弥补市场缺陷而存在的，其中包含对抗市场的成分，例如市场不能提供更有效的公共物品和不能维护更长远的公共利益等。

三、维持资源分配的公平正义

（一）何谓资源分配的公平正义

古往今来，在人类道德的发展历史长卷上，几乎每一页都写着公平正义，公平正义一直被用来指导人类各项活动。资源分配的公平正义是人类永恒的价值追求和社会和谐的价值基石，是社会文明程度的标志。所谓资源分配的公平正义，就是资源的分配不因种族、性别、出身、身份等属性上的差别而有不同的偏好，人人都能享受到机会公平、过程公平和结果公平，都能享受到社会正义、政治正义和法律正义。当然，公平正义具有相对性，其表现总是相对于一定时期社会某种不合理的规则或现状而言，不存在绝对不变的衡量标准，也就是不能与平均主义画等号。总体上看，资源分配的公平正义，核心是要坚持公平的机会平等原则，但同时也要考虑到差别化原则。

当空间变成一种重要的社会资源而在不同利益主体之间加以分配时，调节人与人在空间资源分配中的矛盾，以寻求空间资源分配的公平正义途径，将面临巨大的社会阻力。因为在解决空间问题和分配空间资源的博弈中，尤其是在市场环境条件下空间变成一种重要的资产或资本时，必然牵涉不同社会阶层的利益关系，存在着强势和弱势。在这种复杂的利益关系中，维护公平正义就成为首先和必然的选择。否则，由于先天的生理、地域等因素，个人会在参与能力方面存有差异，强者就会通过空间剥削以谋取更多的利益，贫富差距由此会不断扩大化。人们出于利己本性和生存的需要，就会出现"人对人像狼一样"的互相斗争，这是任何人都不愿看到的社会悲剧。

（二）规划何以能维护公平正义

从规划与资源的角度来看，国土空间规划的重要功能之一就是对国土空间资源的合理分配。随着社会经济快速发展和人们对资源需求的不断增加，日益稀缺的空间也成为资本逐利的目标，而由于国土空间的稀缺性、土地产权的排他性以及不同利益主体对空间用途的不同偏好，往往会出现对资源分配的多方博弈，这就要求空间规划需要从单纯的技术角色向公共政策方向转变。因此，国土空间规划不仅需要包括传统的物质性规划，更应注重不同利益主体之间资源分配矛盾的协调，维护资源分配的公平正义。在微观上，为各项具体建设活动分配国土空间资源，使之处于有序的架构中，实现综合效益最大化；在宏观上，国土空间规划作为弥补市场失灵和政府宏观调控的手段，协调区域之间、部门之间等各利益主体之间的关系，以实现资源分配的公平正义，具体可以表现在以下三个方面：

1. 缩小区域发展差距

由于地理区位、资源禀赋、产业基础、人文环境、生态条件、人口结构等方面的差异，中国东部、中部、西部和东北部四大板块的区域差异明显。21世纪初，国家就决定把促进区域统筹发展放在突出的位置，但十多年来四大板块的经济发展差距并没有出现根本性的缩小，在国内生产总值、地方财政收入、人均国内生产总值等方面仍然还存在着较大差距。而国土空间规划正是以国土空间利用为核心的空间资源及空间利益的再分配过程，有助于引导国土空间开发格局的优化，立足区域资源环境禀赋，发挥比较优势，协调不同地区发展方向，推动区域之间的共同发展。

2. 统筹城乡发展

国土空间规划的思想中包含城乡统筹的理念，它以促进城乡经济社会全面协调可持续发展为根本任务，将统筹安排城乡发展建设空间布局，保护生态和自然环境，合理利用自然资源，维护社会公正公平作为重要的宗旨。事实上，城乡发展不平衡业已成为制约经济均衡发展的重要因素。尽管从2004年开始，中央已连续多年聚焦"三农"问题，并采取多种方式加以解决，但城乡差异依然较大。城乡统筹发展，首先要保证基本公共服务均等化，让基础设施和服务设施向农村延伸，缩小城乡之间的物质和文化差距，促使资源要素的合理流动，实现社会公平。而国土空间是实现各种统筹的重要资源平台，统筹城乡发展中的各项内容都需要在空间上给予落实。在城乡统筹的实现过程中，国土空间规划扮演的是引导城乡平衡发展的重要角色，维护在城乡之间分配资源的公平正义。

3. 实现公共服务的普及化与均等性

中国各地区经济社会的不均衡发展造成了基本公共服务供给不均等的状况，虽然近年来这种局面正在慢慢改善，但是优质的公共服务仍然主要集中在少数区域。从地区上来看东部地区明显优于中西部地区；从性质上来看，城市地区明显优于乡村地区。而基本服务均等化是衡量国家制度道德性和合理性的根本政策和标准，通过公共财政制度对社会进行再分配，缩小市场经济体制内因收入分配或历史原因而造成的巨大差距，使多元利益主体均衡受益。保证社会底线公平，这是政府的托底之责。而公共服务作为一种重要的公共资源，一直是国土空间规划关注的重要内容。从空间层面上来看，国土空间规划保证公共设施在空间上的合理布局与有效供给，根据地区实际情况分配国土空间资源，提高落后区域的基础设施建设水平；从城乡角度上来看，国土规划纲要中就已明确提出大力推进农村基础设施建设，促进城乡基本公共服务均等化，包括全面加强农田水利和农村饮水安全工程建设等；从目标方面上来看，重视国土空间资源在住房、医疗、教育以及交通等公共服务领域的配置，完善基础设施建设，保障基础公共服务确实惠及人民群体。

空间规划之所以能够维护公平正义，主要是透过警察权进行土地用途分区和管制。警察权的目的就在于增进、保护和维护全体人民的公共卫生、安全、便利、福利、道德和持续再生产，以保证空间资源分配和占有的公平正义。有关土地使用的警察权，重要的通常有以下四种：①土地用途分区管制；②土地用途细分；③租金管制；④环境质量标准。其他还可以包括建筑技术规则、消防与卫生规则、景观和停车空间的规定、开矿和动物疾病的控制、危险物品的运输和储存等。科学合理的土地用途分区管制，能为全体人民，尤其是不同的少数或弱势群体提供空间需要和期望。这些需要和期望包括穷人买得起合适的住房、为残疾人服务、对妇女安全的环境、改进人行道的舒适性、完善基础设施和公共设施、减少环境污染、保护农用地和其他资源、保护历史遗产、维护公共健康和安全、增加景观美等。

第二节 国土空间规划的逻辑起点

一、国土空间规划的逻辑范畴

（一）逻辑起点的范畴和基本规定性

范畴是已经经过无数次实践的证明，并已经内化、积淀为人类思维成果，是人类思维成果高级形态中具有高度概括性、结构稳定的基本概念，物质、运动、意识、质和量、原因和结果、可能和现实、自由和必然等，都是范畴的例子。任何一项事业，尤其是建立在科学基础上的事业，都必须有一个基本共同的逻辑起点，才能形成一定的理论逻辑系统。马克思在撰写其巨著《资本论》时，花费了 36 年的时间，对资本主义经济活动的历史和现状进行了全面、系统和深入的考察以后才找到了资本主义社会里"最简单、最普遍、最基本、最常见、最平凡，碰到过亿万次的关系——商品交换"，从而得出了资本主义阶段政治经济学的逻辑起点"商品"。按照学科理论的认识，逻辑起点本质上是理论体系一个作为开端的范畴，它应具有以下几方面的规定性：①是整个理论体系对象的最简单、最一般的本质规定；②是构成体系对象的最基本单位；③是以"胚芽"的形式包含着体系对象整个发展中的一切矛盾和可能；④是认识历史发展的起点。

人类正站在十字路口面临艰难的选择。社会越来越富裕，地球却越来越贫困。当社会发展进入 21 世纪，人类却站在十字路口面临着严重的资源环境与社会经济发展问题的两难抉择：一方面，大气不断恶化、水圈严重污染、土地快速减少、森林退化加剧、能源日趋紧张、人口过度膨胀、物种加速灭绝；另一方面，发展又是人类本能的需求，人地系统失衡已成为全球经济社会发展的最大软肋。事实上，随着人地系统的日趋失衡，人口、资源、环境和发展矛盾的日益尖锐，各国政府首脑、科学家和广大公众都对人地系统协调、现实与未来的历史逻辑表现出高度关注，并倾注了大量的人力、物力和财力。如 WCRP（世界气候研究计划）、IGBP（国际地圈生物圈计划）、IHDP（国际全球环境变化人文因素计划）和 DIVERSITAS（国际生物多样性计划）、MAB（人与生物圈计划）、IPCC（联合国政府间气候变化专门委员会）等，都试图推进共同研究以解决人地系统的调控、管理和决策问题。

（二）人地关系是空间规划的逻辑起点

空间规划以动态演化的国土空间为基础，以探讨地域特征和规律为依托，本质上是试图协调人与自然之间的矛盾，建立人与自然的和谐关系，使人类朝着更可持续的方向发展。它要求从人类整体利益和长远利益考虑人与自然的关系，通过强化土地利用、交通网络、生态基础设施和其他功能设施的国土空间合理组织，将众多个体、区域开发乃至社会发展对环境所造成的负面影响，减少到最低程度，从而建立起人与自然和谐的生命共同体。因此，将人地关系作为国土空间规划的"起始范畴"，符合学科逻辑起点的四方面规定性，人地关系是最抽象和最简单的范畴，是一个最基本的单位，各种矛盾由此展开，也是认识国土空间规划历史的起点，有利于解决全球普遍面临的经济增长与资源供给和环境保护的矛盾。以人地关系作为国土空间的逻辑起点，有助于解决目前国土空间规划中普遍存在的范畴不清、概念不明、体系松散、结构混乱等弊端，有利于重新构建国土空间规划理论的范畴体系，促进国土空间规划的成长和成熟。

二、人地关系基本内涵和原理

（一）人地关系的内涵本质

对于人地关系本质的探讨向来是学者主要关注的重点之一。在地理学领域，人地关系理念的研究更是其研究核心，同时由于对人地关系的认识既涉及自然过程又涉及社会过程的综合概念，也是人文地理学研究的永恒主题。由此，引申出对人地关系本质的探讨不胜枚举。有学者从技术学角度分析科学技术在人地关系中的作用，认为科学技术对人地关系本质的认识息息相关，更是人地关系的媒介与调整人地关系的钥匙，自然提供了生产和生活的可能性，技术则把可能性转变为现实性。此外，也有学者通过分析特性来描述人地关系的内涵，将人地关系的主要特征概括为人地关系的多重性、异时相关性、异地相关性、人的主动性和多重决定性。

综合来看，人地系统是地球表层上人类活动与资源环境相互作用而形成的复杂巨系统，它具有整体性、开放性、动态性、非线性、远离平衡态和能观能控性。人地关系是人类与资源环境之间客观存在的关联，其内涵实质上就是基于一定介质上的责权利关系，这个介质无论是简单的土地还是复杂的自然资源或者是地理环境，都在时间上反映了人类活动的空间形态。而理解人地关系思想的内涵，首先需要从人地系统的视角明确"人"与"地"主客体间的生态位。"人地关系"中的"人"，是在一定地域空间上，具有能动性的社会性的人，而"地"是人类所依赖生存的自然环境、地理环境和社会环境的综合体。具体来看，"人"既包括作为个体的人和作为整体的人类社会两个方面。而同一个人存在于不同的体系之中，既具有自然属性，受制于自然法则，又具有社会属性，受制于社会法则；既是生产活动的人，又是消费活动的人，形成了人地之间实质性的物质、能量、信息交流；在与环境作用中，创造了人工物质世界和文明精神世界；既具有主体性，表现为自主性、自觉性、能动性，又具有受制性，要受人类社会自身和自然环境的强烈制约。而"地"又是人文地理环境与自然地理环境的有机统一。从地理学范畴来理解"地"的概念，主要是自然地理环境，是指人类生存的自然地域空间，是地球气相、固相和液相间三种物质的交界面，是有机界和无机界相互转化的场所，是人类赖以生存的自然界，是人类社会存在和发展的自然基础。从社会属性范畴来理解"地"的概念，主要是指人文地理环境，是指人类为求生存和发展而在地球表面上进行的各种活动的分布和组合，如疆域、政区、军事、人口、民族、经济（农业、手工业、商业）、城市、交通、文化等。自然地理环境与人文地理环境并没有严格的界定划分，人文系统是自然系统的一种人化过程的延伸，并没有丧失自然本质，具有自然系统的"自然性"，即自在性、给定性、原生性以及活动方式的自发性、无目的性、物质和生命层次上的自组织性。

人地关系思想是指人类认识世界和改造世界的过程中形成的对外部环境的总的看法与观点，它是对人与环境之间相互关系的一种阐述。不同历史阶段具有不同的人地思想，人地思想折射出人类对客观自然界的认识是一种具体的、历史的思维形态。人与地之间的关系是受生产力发展水平决定的，同时也受人的行为决策所影响。正如上文所指出的那样，在原始文明与农业文明时期，对食物的渴望维系着人类与自然之间的互动，食物就是人类与自然环境之间最重要的连接点。工业革命后，科学技术的发展强化了人类利用与改造自然的能力，人类开始征服自然，为了自身的利益改变自然环境，这时候利益主导着人类的思想。而工业文明掠夺自然造成的严重后果使得人类开始反思如何与自然相处，随着人类对自然的认识不断深入，开始谋求和谐发展的人地关系。因此，在不同的社会发展阶段，人类的世界观、价值观和生活经历不同，都会产生不同的环境资源的利用决策，进而决定着人地关系的不同形态。在人地关系中，人必须依赖自然而存在，而人地关系中的"地"不会依赖人而存在，但会受到人类活动的影响。所以，人与地之间的关系是相互影响、相互反馈的一个动态变化过程。

（二）人地关系的基本原理

人地关系的基本原理是指具有普遍意义的基本规律，它是在大量观察、实践的基础上，经过归纳、概括而得出的。一般说来，人地关系具有以下四方面基本原理。

1. 人地关系的复杂性原理

人地关系要远比其他动物与环境的关系复杂得多，它不仅包括人类与自然环境的关系，而且包括人与人为环境和社会环境之间的关系，同时也包括自然环境、人为环境和社会环境彼此之间的关系。而在这些关系中，主要存在四个平衡：①人的自然的平衡，满足人的基本生理需求。②人的社会的平衡，满足人的社会需求，维持社会系统的正常运转。③自然环境系统本身的平衡，在自然环境可能的承受能力之内利用环境。④自然环境-人为环境-人之间资源、生产与消费的平衡。人的自然平衡和人的社会平衡均以人为环境的生产能力为基础，人类通过人为环境把自然资源转换为人类所需求的物质产品，从而抵御不利的自然环境，满足人的生理需求，维系社会的运转；而生产能力的大小以自然环境所提供的资源和所能忍受的破坏程度为前提。上述平衡均不是纯自然平衡，而是受到人类的社会行为所干预的平衡，社会环境作用的重要意义在于，对生产供给能力和需求愿望之间的可能出现的矛盾给予人为的干预，协调两者之间的矛盾。上述平衡中的任何一个受到破坏，都会引起混乱。

2. 人地关系的异时性与异地性原理

人类生态系统的物质和能量的输入与输出均超越了空间和时间的限制，作为一种通过文化进化来适应环境的动物，人类对生产特别是文化的历史具有继承性，上述因素均导致了人地异时性与异地性规律。

异时性主要体现在工业革命之后的人类生产活动之中。在工业化以前，人类主要依赖气候、土地、水域等地表资源进行生产活动。而进入工业革命以后，生产活动基础的重心逐渐偏移至化石能源、金属矿产等不可再生资源。一方面，这些地下资源都是过去某一时期特定环境下的产物，对它们的开发利用使得人类的发展不仅与当代的地理环境相联系，而且与资源形成时的古地理环境相联系，即人与自然环境之间的滞后相关；另一方面，生产力的发展使得人类的欲望无限膨胀，为满足对社会经济发展的需求，人类对自然资源开发的程度日益加剧，向自然环境中排放的废弃物不断增多，结果不仅改变了自然景观地貌，还极大地影响了整体的生态系统。从这个角度上讲，当前人类不仅在提前消费未来人类赖以生存的自然资源，而且正在改变人类赖以生存的系统和过程，这都使得现代的人类活动与未来的自然环境发生超前的异时相关。

随着人类文明的发展，各地区的交流日益频繁，世界愈发成为一个不可分割的整体，而异地性原理则表现在这个整体系统中的区域差异。一方面，人地关系的主体之间可能是交错的，通过地区间资源、生产和消费等方面的密切联系，任何一个地区都可以借助其资源、生产、贸易流通或金融等方面的优势弥补其自身的不足，并形成以资源、生产加工、商品集散或资金等自身优势为依托的经济产业；另一方面，每一个地区的人地关系都不可避免地会受到其他地区人地间相互作用的影响，可能是地缘政治因素的制约，例如20世纪出现的石油危机甚至引发了局部战争，也可能是自然生态系统的循环，例如包括厄尔尼诺现象、全球变暖在内的各种生态危机。

3. 人地关系的相互性原理

人地关系是一种不以人们意志为转移的客观现象，不论从宏观还是微观，人地关系对双方彼此的影响无处不在。一方面，人类活动对环境的影响随着社会文明的演化而愈加深刻，初始在自然界中创造诸如城市、道路之类的人工景观，随后填海造陆、聚沙成岛等壮举直接改变了自然地貌，人类对自然环境的开发强度与广度不断增强，甚至影响到了生态系统的物质循环与能量流动；另一方面，自然环境对人类的生产生活也具有潜移默化的影响，自然环境提供了人类生产生活必需的各种物质基础，在生活中影响着人类的行为习惯甚至是作风性格，而在生产中自然环境以其提供物质基础的不同数量、质量及承载力，影响人类的生产活动，同时也以其资源的空间组合特点影响着生产活动的地域分工。

4. 人地关系的动态性原理

人地关系的内涵随时代发展而不断地演变，人类主体、自然环境、人为环境和社会环境等多方面的因素都会对人地关系造成影响，而由于自然环境、人为环境和社会环境又都是变化的，因此人地关系也是一种动态变化的关系。就"地"类要素而言，随着技术的进步，人类改造自然的能力逐渐增强，对自然的依赖程度也不断减弱，自然资源的跨区域流动已经成为一种常态，进而削弱了资源生产和消费的本土局限性，同时快速城镇化也改变着人类所生活的环境；就"人"类要素而言，人作为人地关系中的主导，长期以来人口规模及增长始终是人地关系问题研究和资源环境承载力评价的逻辑基础所在，但伴随生活水平的提升与社会文明的进步，人们不仅对自身所处生活环境产生了更多的需求，对自然环境的认识与态度也不断地变化。因此，纵观人类的历史，从原始文明过渡到农业文明，接着工业革命将人类推进到了工业文明，自然环境的破坏又使人类倡导发展生态文明，人地关系的动态变化就在文明演化过程中体现得淋漓尽致。

（三）人地关系的规划调控

人地关系调控的主要重心在于协调人地关系，实现区域的可持续发展，建立并维护人与自然之间的和谐关系。而其中国土空间规划作为确定国土空间未来发展、国土资源合理分配、推动社会经济稳定发展的综合部署，在调控人地关系方面发挥着不可代替的重要作用。人地关系的规划调控可以从三个角度出发，分别是对"人"、对"地"以及对"人地之间的作用方式"进行调控。

1. 控制"人"对自然的影响，优化社会经济发展模式

从"人"的角度出发对人地关系进行规划调控，需要关注作为主动改造自然的"人"的主体行为。而在如今，不合理的产业结构、高污染高耗能的生产方式等都对自然环境造成了极大的压力。因此，空间规划需要一方面引导产业结构的调整，而产业结构调整是经济转型和保持经济长期增长的关键问题，同时也是降低"人"对"地"作用强度的最重要的途径之一。不断地实施高端、高质和高效的产业发展战略，积极发展战略性新兴产业，以经济发展效益和资源节约效益、环境保护效益相协调为导向，逐渐促进经济转型和产业结构调整，积极推动三次产业的融合发展，加快建设结构优化、技术先进、清洁安全、附加值高的高度现代化和协调化的产业体系，促进产业结构转型升级；另外，规划需要有意识地倡导发展生态产业，包括生态友好型的农业、工业以及服务业，以绿色化、集约化和专业化作为规划调控的发展方向，在此基础上合理配置空间资源，引导生产要素和区域重点产业的集聚发展，并形成引导作用机制与约束性作用机制，保障社会经济发展过程中对生态环境的保护，最终推动生态文明的建设。

2. 提高"地"的环境承载力，强化生态环境安全调控

从"地"的角度出发，一是要强调国土空间规划中对环境污染的治理修复，提高环境质量水平，分类分级推进国土空间全域保护。在考虑资源环境承载力的前提下，综合考虑不同地区国土空间的生态环境、自然资源与社会经济发展程度的协调程度，有针对性地实施国土保护、维护和修复，并严格限制国土空间的高污染用途配置。在生态环境压力较大的区域限制大规模工业化和城镇化开发，引导超载人口逐步有序转移，建设改善城乡人居环境，保障生态环境安全水平。二是要积极引导国土空间的区域生态建设，提高生态系统服务功能，注重森林带、湿地圈以及其他生态区域的保护与建设，推动建立形成更多的高质量生态区域，并将具有水源涵养、生物多样性维护、水土保持、防风固沙等功能的生态区域以及生态环境敏感脆弱区域划入生态保护红线区域内，严禁可能对生态功能造成影响的各类开发行为，提高生态环境的修复力与承载力水平。

3. 优化人类活动与地理环境之间相互作用的空间结构

优化人地关系的空间结构，首先需要形成合理的空间开发格局。而这就要求空间规划需要基于地方的实际发展水平，立足区域资源环境禀赋，综合考虑区域资源环境的有限性、生态环境利益局部性、生态环境系统整体性等特征，确定区域的发展功能定位以及开

发重点、保护内容，合理、充分地运用自然环境资源，以最少的生态环境代价来推动经济社会的高效益发展。其次需要注重区域的整体化发展，综合的空间开发结构与良好的人地关系是相辅相成的，这就要求在规划区域发展时，不能单纯着眼于一个或几个重点区域，需要以整体的视角来协调整个区域的均衡发展，而整体区域的均衡发展则有利于实现资源在区域间的自由流动与优化组合，从而带动区域整体的产业布局、资源开发利用、生态环境保护和基础设施建设，形成更合理的人地关系空间结构，最终实现人与环境之间的和谐相处与共同发展。

第三节　国土空间规划的思想基础

一、理性思想

对于规划来说，在起初规划能够从传统的注重直觉和理念的思想转变为对现代科学和现实的关注，其关键在于规划过程中对理性思想的发挥，包括工具理性、价值理性和交往理性的思想基础。理性思想贯穿现代规划理论与方法论发展的始终，并一度在规划理论与实践中压倒其他哲学思想占据绝对优势。如果说有一个主题贯穿所有的规划过程，那就是理性——无论是支持还是反对规划，最终总要回归至同一主题：规划是否是以及在多大程度上可以是"理性"的。虽然理性思想也在规划理论的发展过程中受到过种种批判，甚至有许多学者试图扬弃理性思想的传统，但是理性思想仍以各种方式表现于现代规划之中。

理性思想的规划方法首先需要确立规划的目标和宗旨。在明确目标的前提下，设计目标导向的各种规划实现途径，然后通过对比分析方法例如成本效益分析等筛选出一个最适合的方案，最后将其付诸实践，并在实施过程中不断根据具体情况进行完善。

理性规划的目的是决定行动要到达的目标，以及采取什么行动过程对实现目标最有效。这一范例并不仅限于正规理性，还包含了明确系统目标和重点的实体理性。它能够反映规划实践的真实性，因为它运用了多目标决策分析、社区影响分析等实体理性的方法。然而理性规划在多元市场经济条件下有许多弱点，在过去的数十年中出现了很多对理性规划的批评。有学者认为理性规划过于依赖于专业人士的能力，但是人类解决问题的能力是有限的。在空间规划的过程中不同背景和兴趣的人对问题的理解方式也不同。规划所要处理的话题和问题也将会随着他们不同的价值观和他们对不同事实的关注的改变而改变。除此之外，理性规划方法试图用最高效率和有效的途径来达到某个目标或结果，而在实际中，规划趋向于为强大的经济和政治利益表述理性和逻辑观点，规划师们并没有权力和资源可用于实施规划，唯一可做的就是用专业的规划知识来寻找最高效率和有效的方法，至于规划的实施及其实施过程中的理性考虑则是规划师难以控制的。

而如今理性规划理论经过数十年的发展，已经形成了宏大的理论体系和工作方法。规划方法从比较静态发展到动态，规划的范围从土地利用扩展到经济、社会、管理，乃至政治等领域，规划的深度向微观和宏观两个层次扩展，规划的空间范围也从城市扩展到区域，乃至国家规划的时间维度也从过去的终极的发展蓝图模式发展到动态的实时监控的规划模式，并且建立了从地方到区域和中央的庞大的官方规划体系。随着综合规划权力和范围的扩张，规划逐步取代了市场对空间配置的作用。理性思想对规划的贡献在于：①改变了传统规划对空间形式和图案的过分关注，从空间中人的活动和土地使用功能出发，对空间规划所涉及的内容进行了合理的探索，区位理论、地租理论等都是这一思想的反映。②空间规划从传统的注重直觉的理念和思想转变为对现代科学和现实的关注，从传统的"艺术"转变为"科学"。③广泛吸收物理学、生物学等其他学科中的成就，改造并丰富、发展了空间规划学，使之不断保持蓬勃生机。

二、人本思想

人本思想在空间规划中的发展历史源远流长。所谓空间规划的人本思想，就是要充分关注人的主体性和精神文化特性，关注人的生存环境和生活质量，关注人的普遍价值和共同的爱，关注人的多样性和活力。更具体来说，空间规划中的人本思想，即指在空间规划过程中所有工作的推进都需要围绕着"人"来展开，包括充分的公众参与、文化情怀的继承发展、营造舒适的生活空间等要求都应得到满足。

（一）保持充分的社会参与

在空间规划的编制与实施过程中，社会公众包括普通大众和社会精英，都应享有充分的知情权和发言权。他们根据自身的发展要求及价值取向，结合地方实际情况，广泛参与空间规划的决策，这是人本思想所要求的。所谓的社会参与，不应是告知式的让民众被动参与规划，而是从上到下式地贯穿规划编制及实施的整个流程，使得最终形成的规划文件能够兼顾社会各阶层的利益诉求，成为一份具有共识性的共同"契约"。从人本思想的角度看，规划决策的"中心化"，即把拟定目标和选择方案看作是一个纯粹的政治过程，把规划的实施和管理看作是一个单一的行政过程，都是一种错误的认识论和不当的方法论。

（二）秉持传统的文化情怀

人本思想要求规划不能一味地着眼于社会经济利益，更需要关注人文情怀。在社会发展进程中，一些特殊形态的用地，尤其是古文化用地，其独特的地理位置和固有的民俗风情，经过提炼、沉淀形成了这些地方独特的地域功能和传统文脉特色，且往往体现在建筑物形式、空间布局和当地社群生活中，这是民族传统文化的宝藏。空间规划对传统文化的肯定与尊重，往往是对人们寄托于传统文化那一份情怀的慰藉。所谓乡愁，所谓落叶归根，这是人的文化怀旧和情愫，空间规划应当予以秉持和修复。

（三）营造舒适的生活空间

空间规划应认识到人们对于舒适生活空间的诉求，现代社会中钢筋水泥难以满足人们对自然环境的向往，在空间规划中应当保证绿色空间在整体规划中的比例。城市中的人们向往"田园城市"而自身却难以触及自然深处，需要空间规划来营造合理的绿色生活空间，保障人们对于绿色生态环境的诉求。在乡村也不例外，完善基础设施和公共设施配置，建设适宜的乡村人居环境，也始终应当是空间规划追求的目标。应该指出的是，生活空间的舒适是一个很综合的概念，除了环境和品质以外，可达性、便利性等也是重要的条件。上海市空间规划中提出的健全可负担、可持续的住房供应体系，完善公平共享、弹性包容的基本公共服务体系，优化社区生活、就业和出行环境，构建15分钟生活圈等都应该属于营造舒适生活空间的范畴。

三、控制思想

在社会经济活动中，规划与市场是一对不同功能意义的范畴。市场强调自由，规划突出控制。空间规划在一定程度上是对人类非理性行为和土地利用的外部性所进行的一种控制，包括数量配置的控制、用途空间定位的控制和不同时段间配置的控制等。从规划的历史脉络看，无论是从前还是现在，控制思想一直是国内外规划中的重要组成部分，虽然或许并没有明文来阐述规划中的控制思想，但是规划对城市、乡村、土地以及空间用途的限制与引导等手段，都体现出了规划的控制思想。

控制思想在国土空间规划中的体现：①需要保障国土空间规划的权威性，推动国土空间规划落实；②控制规划效率，提升规划的科学性与合理性，确保规划对社会经济具有积极的持续推动作用；③控制国土空间资源的公平配置，维护社会的公平正义；④在总体上控制社会经济的发展节奏，保障经济发展的稳定性。

（一）确保权威性

在政治学意义上，所谓权威，是指公共权力对个人和社会的影响和约束力。当然，权威不是强权，首先应该是通过立法的保障来实现，法律规定是确保权威性的唯一依据。因为空间开发是一个复杂的社会组织和利益调整过程，不同利益主体有不相同的目标、价值标准和行为方式，出现多方利益的博弈在所难免。因此，需要确保空间规划的权威性，规划才能行之有效。除了通过立法赋予规划必要的权力外，各国也赋予行政机关相应的规划权力，以便使规划的编制和实施具有可靠的组织保障。事实上，空间规划在很大程度上是国家意志的反映、国家意志的结果和国家意志的产物，它通过采取"集体行动"来提供一个组织良好的空间系统，来服务于社会生产和再生产。因此确保规划的权威性，是实现规划有效控制的基本保证。当然，权威生成的条件，是规划价值选择的社会认同和政治认同，也就是规划能否表达出符合社会价值的特征，其政治认同需经历规划权力的制度化、政府机构内部合法化、规划目标与政治目标的统一、国家政策目标的统制等一系列过程。

（二）注重效率性

追溯空间规划的控制性，可以发现规划控制在很多情形下是基于保障社会经济效益、推动经济社会发展的目标下，以一个解决具体问题的技术工具而不是公共政策而出现的，这使得以控制思想为主题的空间规划控制性具有浓厚的技术工具色彩，即效率本位。在这个角度上讲，控制思想中突出的一点就在于对效率的注重。国土空间规划作为一种系统性规划，从上至下环环相扣，需要提高规划的效率，控制分散化和碎片化的低效率空间开发行为，保障空间规划步骤的层层推进与落实。

（三）保障公平性

空间规划作为公共政策，其政策起点是保障公共利益，也就是保障社会公平。而在现实生活中，公共利益这一概念往往是宏观广泛而难以界定的，在规划中被认为是经过大多数人认可并代表大多数人意志的利益，实际上甚至没有固定的标准，它会随着不同主体价值判断的不同而发生变化。例如，将城乡接合部的优质耕地都转化成建设用地并进行合理的补偿，对开发商和农民都可能是有利的，对当地政府也可能是有利的，但是它损害了后代人的利益。空间规划就需要通过有效的控制，严格限制优质耕地的占用，以维护耕地资源在代与代之间的公平分配。

（四）维持稳定性

在市场环境条件下，如果缺乏必要的控制，就难免会出现过热、过快的盲目发展，典型的前车之鉴就有房地产热潮期带来的"鬼城""空城"。空间规划的重要功能之一，就是要通过有序的空间供应，例如调整土地供应总量和结构，来控制社会经济的发展节奏，抑制各种不切实际的空间开发，保障经济社会发展的稳定性。除了在时间上把握空间开发的节奏以外，空间规划还必须根据各地区开发条件的差异，通过有针对性的区域差别化控制，推动不同地区各具特色的发展，以保障空间结构的稳定性。

四、优化思想

国土空间规划的优化思想，是指根据特定的规划目标，依靠一定的规划手段，对空间进行最优分配、最佳使用和最合理布局的过程。它也是在时空尺度上，对区域内国土空间的利用结构和方向，系统地进行安排、设计、组合和布局，在多种可行方案或决策中挑选最满意的方案或决策的过程。这种优化思想在空间规划中主要体现在以下几个方面：

（一）开发结构的优化

即研究并确定有限的空间在各个部门、各种产业之间的合理分配比例，以及各类空间内部构成和各个组成部分之间的合理比例，实现空间开发利用结构的优化配置。在不同的历史时期和不同的社会经济条件下，人类社会对国土空间开发利用的广度和深度不同，其开发利用结构会不断发生变化，空间生产的格局也随之变化。因此，国土空间规划的开发结构优化是一个动态的概念，必须因时因地将其贯穿于空间开发利用行为的全过程。

（二）空间布局的优化

即根据区位原理和地域分异规律，按照产业、交通、服务、人口、政策、生态等关系，调整国土空间的开发利用布局，也就是调整优化不同用途性质利用方式的布置和安排，以及调整优化不同功能组织的空间相对位置关系，使空间布局逐渐趋于合理化。

（三）集约配置的优化

由于空间资源在本质上具有稀缺性，这种稀缺性决定了空间资源优化配置的有效途径在于更有效地利用既有的资源，不断提高空间开发利用的集约化程度，例如对空间从下部到上部进行立体式的多维开发、节省使用空间资源等。空间的集约配置可以通过一定区域的空间利用程度、积累承载密度和空间效益得以综合反映。在城市区域的中微观层面，容积率、建筑密度、建筑高度、建筑体量等开发强度指标，能够较好地反映集约配置的高低程度。能否优化不同区域、不同地段和不同时段的国土空间集约配置，避免超强度或不合理的低效空间开发，是国土空间规划成功与否的标志之一。

（四）综合效益的优化

一般而言，综合效益的优化主要是三个方面的问题：①强调比较优势，实现空间资源在不同区域、不同功能之间的合理配置。所谓比较优势，起源于英国古典经济学家亚当·斯密的绝对优势理论，指社会各经济主体按自己的特长实行分工，进行专业化生产，然后通过市场进行交易，从而在总体上实现社会福利最大化。而在国土空间规划中，由于空间不具备流动性，按照比较优势配置国土空间资源，形成专业化的空间产业带，例如在农地利用效益高的区域将较多的空间资源分配于农产品生产，形成产业聚集的优势，获取外部规模效应，而在非农建设用地效益高的区域，则在生态环境承载力允许的前提下，鼓励形成工业区和城市的连绵带，在整体上实现对空间资源的优化分配，因地制宜发挥各地区的空间优势。②从全局层面提升区域空间利用的综合效率。国土空间规划是政府调控和引导国土空间资源配置的基础，也是现代国家进行空间治理的重要手段，是有效调控社会、经济环境要素的空间政策工具。对国土空间开发格局的优化需要从区域乃至全国发展视角与全局利益出发，揭示国土空间功能类型的分异规律，横向地优化经济、社会、人口与环境等各种要素的配置，纵向地优化现在与未来的要素配置，作为国土空间功能结构优化调整的基础性依据，提高国土资源配置的整体效益。③实现国土空间开发与保护相协调，经济、社会、生态效益相统一。国土空间是一个由各要素相互作用、相互依赖而形成的复杂系统，是一个具有特定结构和功能的有机整体。它在特定的地域范围内，通过有规律的镶嵌形成特定的功能。不同地域之间的功能，是一个相互补充和自创生的整体。国土空间规划必须进行专业细致的生物物理环境要素和人文社会要素的调查与分析，在此基础上进行适宜性评价，根据适宜性评价进行功能分区，按照功能分区合理组织生产力布局。否则，就很难保证经济效益、生态效益、社会效益、景观效益和文化效益相协调。

五、公共思想

国土空间规划作为一项公共政策，公共利益是其价值所在，维护公共性更是其合法性的基本依据。所谓公共性，指的是作为整体的人民或社群所表现出来的一种社会属性，是一种人类生存的共在性，体现了人与人之间的相依性，主要是相对于个体性而言的。从本质上看，人类由"人"和"类"组成，人是一种"类"的存在，"类"是人性规定的特有范畴。所谓类的特有范畴，是指人的本质包含在共同体之中，"类"是人的内在生活与本真的存在样式，人只有在"类"中才能"成为人"，这种"类"的核心就是公共性。就共时性看，公共性思想可以分为三个层面：①个体与社会的公共性。人不仅是单纯的个体，而且是社会的存在物，是名副其实的"社会动物"，他们拥有共同利益或普遍利益，必须得到关照和保护。②超越国家界线的公共性。在民族国家产生之后，各个民族国家和地区之间所进行的经济、政治、文化交往越来越频繁，公共性也随之超出了民族国家的界线。在全球化时代，这种公共性表现得尤其突出，例如跨国界水资源的利用、碳排放等都是涉及跨越国界的公共性问题。③人与自然的公共性。人与自然的公共性解答、人与社会的公共性解答具有内在一致性。作为满足人的需要的生产，人和自然都参与其中，它是一个双向作用的过程，自然和人实现了互主体性。一方面，人在自然中实现目的、满足需要，使之成为社会的自然；另一方面，自然进入人类的视野，使社会成为自然的社会。就国土空间规划而言，公共性首先强调规划价值目标取向上的公共性，即以维护和实现公共利益作为规划政策的根本目标。规划政策是否致力于实现社会公共利益，以及实现公共利益的能力和程度，是判断和评价一个空间规划正当性、合法性和有效性的基本准则。同时，公共性还应体现在规划的实施过程中。无论是强势群体还是弱势群体，都应该有公平地参与监管规划的权力。因此，国土空间规划需要构建起新的价值维度，把上述三个层面的公共性变成存在和发展的前提，这也是一种规划的道德情感与伦理意识。任何时空条件下的国土空间规划，都必须将关注保护农用地和其他资源、维护健康与安全、保护自然和历史遗产、维护公平与正义、节省资源与能源等公共性问题贯穿全过程，这也是规划权之所以成为公法而不属于私法调整范畴的依据。

六、持续思想

持续思想第一次被正式提出是在1980年世界自然保护联盟（IUCN）发布的《世界自然保护战略》，其中提出了可持续发展的理念，目的是通过保护生物资源实现可持续发展。

可持续发展是一个涉及经济、社会、文化、技术及自然环境的综合概念，它是一种立足于环境和自然资源角度提出的关于人类长期发展的战略和模式。如果国土空间规划缺乏持续思想，如何走向未来。因此，可持续发展是国土空间规划重要的思想基础和内在要求。具体来看，国土空间规划的持续思想主要表现在以下几个方面：

（一）保障国土空间生产功能的持续性

生产功能是国土空间的基础性和第一性功能，因为人类的全部食物都是依赖国土空间的生产功能来提供的。所谓人地关系的结构失衡，主要是指国土空间的生产功能不能提供人类所需要的食物。有人做过计算，若要满足未来全球人口的需要，必须生产出与农业历史上过去8000年总产量相等的食物。国土空间能否生产出足够数量和优质的食物以满足人类需要，已上升为人类社会的共同利益，直接关系到人类生命是否能延续。因此，国土空间规划要把保护农用地放在更加突出的地位，把保障国土空间生产功能的持续性放在优先的领域，像保护大熊猫一样保护国土空间的生产功能。

（二）保障国土空间生态功能的持续性

地球生态系统的生产、呼吸和分解过程，以及该系统的食物链（网）、营养级和生态金字塔形成过程的能量循环都是通过国土空间界面进行的。国土空间是重要的能量调节者和积聚者，对地球上水循环、碳循环、氮循环，或者说几乎所有生命物质的生物地球化学循环，都是不可或缺的载体和媒介。它具有生命栖息和支撑、植物生产和生物养育、环境净化和修复、地球生态系统物质与能量循环、生态环境变迁历史记载等生态功能。国土空间规划对资源开发利用的安排，要特别重视对生态环境的影响。为了减少这种影响，严谨和慎重的开发适宜性评价、环境影响评价和生态服务功能评价是十分需要的。

（三）保障国土空间经济活力的可持续性

国土空间作为一种资源，其开发利用必须追求自身的经济利益，尤其要重视能够产生足够的经济活力。否则，在市场条件下国土空间的开发利用就失去动力机制。这就要求国土空间规划要尽量按照适宜性进行生产力布局，按照国土空间的最佳投资适合度去节约集约利用空间资源，按照当前利益和长远利益、局部利益和整体利益相结合原则优化国土空间结构，以便从国土空间开发利用中取得最大的经济效益并保持经济活力的可持续性。

（四）保障国土空间后代利用的可持续性

国土空间是人们赖以生存和发展的基础支持系统和共同家园，也是人类唯一的栖息地和生命平台。当代人的国土空间开发利用必须遵守理性配置的原则，不能在"赤字"状况下追求国土空间的配置效率，而应该考虑国土空间的世代配置效率。否则，后代子孙，就只能面对一片凄凉，这不仅是一个严重的人道主义问题，更关系到人类文明是否能良性延续。因此，国土空间规划必须以科学的态度，去探究、去查明、去诊断、去监测、去仲裁国土空间资源的承载能力、国土空间环境的缓冲能力、国土空间生态的服务能力、国土空间利用的稳定能力，以及国土空间规制的调节能力，以不断满足当代和后代人的生产与生活对国土空间的需求。

第四节 国土空间规划的理论发展

一、规划引进理论与规划理论

（一）空间规划需要理论的指引

空间规划作为一门处理具体问题、面向操作实践的学科，实践经验是不可缺少和十分重要的。但是，理论问题是无法回避的，它构成了空间规划行动的基础。当规划师在采取行动时，无论他本人是不是一个理论工作研究者，都不可避免地遵循某些事物如何运作的规律，这就是理论。规划师如果不知道社会运行的理论，不知道经济运行的理论，不知道市场如何运作的理论，不知道生态系统自组织的理论，不知道如何进行决策的理论，那么规划师如何去决定自己应该承担的角色、职责和行动方向，如何去判断规划行动的是非和规划方案对长远发展价值。例如，如果缺乏公共利益理论的指引，规划师就不知道保护必要的农用地和其他资源、保护历史文化遗产和其他自然景观是规划应该优先坚持的底线；在一个更具体的层面上，假定一座城市受到住房问题的困扰，如果规划师不知道住房市场是如何运行的理论，就无法对城市住房用地的合理规模和结构做出长远性的安排。正如凯恩斯所指出的那样，理论的威力总是比一般人能想象到的要强大得多，掌权的狂人，经常因为只拥有落伍的理论而显得暴躁。要想空间规划变得更有用，或者说要使空间规划成为人类文明的参与者、引导者和贡献者，就必须探索理论、发展理论和丰富理论。在某种程度上可以说，空间规划是一种"启迪式"学科，也就是不断从新的需要出发，探索解决空间问题的理论和方法技巧的过程。

（二）辨识引进理论与规划理论

编制空间规划的理论，可以区分为两种形态：①规划引进理论，通常称规划中的理论。它是将其他学科理论引进或应用在规划过程，例如将社会学、生态学、政治学、经济学、决策学等理论在规划过程中进行应用，具体指引规划的编制过程。②规划理论。它是规划本身的内在理论以及规划过程的规律等，主要包括功能理论、范式理论和决策理论三个部分。功能理论侧重于解释规划对象的物质形态结构和运行机制；范式理论侧重于研究人们的价值目标与规划对象的空间形态关系；决策理论着重在解释如何制定和执行规划。有时又把规划理论区分为实质理论和程序理论，后者也称为过程理论。实质理论是关于规划工作内在的本位理论，主要解决规划是什么和能做什么的问题，例如空间结构理论、空间用途分区理论等；程序理论是指关于规划是如何运作的理论，比如理性规划理论、倡导性规划理论等，主要解决怎么做的问题。

区分"规划引进理论"和"规划理论"是十分重要和有意义的。一是有利于规划建立自己独特的理论体系，促进规划学科的发展；二是有助于规划师认识自己的规划性质和规划地位，正确看待自己的规划成果和规划决策结果；三是有助于规划研究人员把握自己的研究方向，区分哪些是从别的学科引进与吸收过来的，哪些是原创和自主的。需要注意的是，无论规划引进理论还是规划理论，对规划的编制都是同样重要的。引进其他学科的最新理论研究成果，不仅有助于规划理论本身的发展，而且有助于编制更好的规划方案。

二、国土空间规划的几种程序理论

（一）理性规划理论

理性规划的思想根源，可以追溯到欧文、圣西门、傅立叶等的乌托邦及空想社会主义和社会平等思潮。即追求真理和认识真理的方法需要"合乎理性的思考和行动"。尽管这种理想主义在社会实践中没有取得预期的成功，但建设一个满足大众福利需求的、理想的城乡社会空间，却始终作为一种价值信念在规划者心中得以代际传承。现代空间规划的这种价值信念在行动上则表现为对理想空间状态的追求，或者说对美好空间蓝图的追求。理性是一个意味深长的哲学概念，是人类思维的一种本质属性。在西方，Rational 解释为"理性的、有理的、合理的"，在空间规划中采用"合理的"解释更为恰当。空间规划中关心的是规划的目的是否明确，规划的手段是否得当，规划的实施是否合理，所有的这些，都应该是"合乎道理"的。传统意义上理性的目标就是为人们提供公正的、不以人的价值观为转移的、机械操作性的手段和工具，以尽量减少人们主观因素的干涉和影响，从而达到实践的有效性。理性规划理论相对于过去基于"作为设计的规划"的理解有了很大转变，其核心是强调用"科学的"和"客观的"方法去认识和规划空间，认为在目的和手段之间存在着因果关系，通过理性分析可以找出相应的手段来达到理想的空间状态。规划是一个关于产生最好结果的方法，规划师应该像工程师一样，寻求最佳的方法论。理性规划，依据程序行事，讲究合法性，防止快速决断；连续性决策，每个过程都要选择，决策不断调整，多元决策，以谋求共识；综合审视，注重比较与选择，不专注于单一方面。理性规划强调有序性、多元性和复杂性等都是在有序性的基础上变化实现的；理性规划强调公共利益，强调规划要反映大多数集团的共同利益，强调在各个方面的综合平衡。

理性规划理论作为一种程序性的方法论，认为规划要经历三个阶段：问题的定义、理性规划方案的形成和规划方案的实施与反馈。问题的定义就是要明确规划需要解决的问题，通过分析、推理和排序，突出规划要面临的主要矛盾和挑战，从而设置规划目标。理性规划方案的形成，强调模拟和预测，强调推理和择优。具体就是首先列出各种方案，然后对方案进行逐个评价，最后是方案择优，择优的出发点是成本最小化和资源节约化。规划方案的实施与反馈是顺理成章的。一方面，规划是为实施而存在的；另一方面，由于外界环境的变化，规划信息必须得到及时反馈，如此才能修正问题的定义和规划的方案。20世纪60年代以后，理性规划理论得到进一步发展，其方法从比较静态发展到动态，其深度向微观和宏观两个层次扩展，其范围也从城市扩展到区域乃至整个国家。

需要指出的是，理性规划理论受到来自多方面的质疑。Paris 指出规划作为人类活动是一个极其复杂的过程，不存在简单的三阶段论，程序之间存在相互作用。不少学者还批评理性规划过于强调技术在规划中的作用，而忽视了情感、经验、直觉、艺术等其他知识对规划的影响。许多城市规划学者更是指出主流规划理论本质上是狭隘的，这些理论常常假定城市及其社会、经济、文化和治理的性质在各个地方如此相似，以至于不需要在地理上具体说明思想的相关性。在不同的社会中，思想和政策转移的普遍化常常导致严重的规划失败。这些批评无疑是正确和切中要害的。可是近20年来，随着科学技术的不断进步，人们发现理性仍然是规划所必需的，各国空间规划都自觉或不自觉地在实际操作过程中采用了理性规划思想，规划方案的制定离不开理性思维和科学的技术方法。如果空间规划缺少理性的理论指引和技术方法，仅仅受集团政治、官僚意志、公众意见、直觉情感和文化习俗等因素左右，规划也就失去了存在的价值。

（二）倡导式规划理论

倡导式规划理论认为规划应是一个自下而上的过程，鼓励公众在规划过程中积极参与，规划主体应该代表社会不同的利益集体，尤其是社会弱势群体。公民在多元化政治结构中争取更多的权利和更高的地位，从而完善一个民主政治体制，是倡导式理论的核心精神所在。倡导式规划理论的代表人物在1996年就认为规划是解决一系列社会问题的过程，尤其需要关注资源和机会方面处于弱势的群体。该理论认为社会由不同利益群体组成，每个群体有权要求分得自身应享有的那部分社会资源，希望通过民主程序解决不同争端。因此认为获得规划目标的过程既不为纯社会理性，也不为纯技术所能决定，而应该是个复杂的政治性过程。在具体规划实践中，规划师参与整个政治协商过程，同时拟定不同的规划决策程序，代表并服务于不同社会群体特别是无权无势阶层和少数人群，呼吁公共参与，以响应当时的民权运动。在20世纪60年代后期到70年代，倡导式规划师深入社区，与社区居民一起反对那些可能导致社区衰落的联邦政府项目，或者争取为社区提供更多服务的项目。在解决社会争端方面，倡导式规划理论与传统的理性主义规划使用的方法不同，前者认为在发展规划与重大项目选址过程中，应由不同群体的代表阐述各自不同的利益目标和价值取向最终在公共部门与私人利益之间达成共识。而理性主义规划却更多强调项目开发商和政府的利益而忽略了规划的实施过程及其对社会造成的影响，而这些因素如果单从纯技术的角度是无法评估的。在倡导式规划理论中最引起质疑的一个问题就是如何正确界定规划师的角色。由于弱势群体缺乏专业技能知识以及获取社会权力与资源的能力，规划师往往被要求成为全权代表参与社会争端的解决过程。而西方社会重视政治党派之间的民主协商，但规划师并不享有权力，也就无法为少数群体争取利益，而且有时会曲解弱势群体的原意。另一个重要的质疑是公众几乎不存在统一的世界观，所有社会组织的观点都十分复杂，对规划的意见不一致是必然的，谁当裁判来裁决这些不同的意见，谁为倡导式规划买单等。

（三）协作式规划理论

协作规划是沟通规划理论的变体，提倡多个主体参与规划，以合作避免无序竞争。其概念基础源于1981年哈贝马斯提出的"具有畅谈性的合理性"。自从哈贝马斯的畅谈性哲学被引入规划理论中以来，该概念的内涵已被大大扩展。如联络型规划、辩论型规划、协作式规划。20世纪90年代以来，在国外越来越多规划师都提倡进行协作式规划。英国的Patsy Healey是支持该理论的主要代表人物，他认为"城市物质环境、空间规划受制于特定的政策环境，规划对社会、经济、环境和政治之间的协调关系研究甚少，规划实施过程中并没有尊重不同产权所有者的利益，而采用协作式规划就能在市场经济中多元、多变的投资环境下协调这些矛盾"。公众参与也越来越受到重视，但规划要想在真实、复杂的社会背景下发挥作用，就必须考虑通过增强合作减少不同利益主体之间的矛盾与隔阂。而这种社会价值观也反过来要求规划重新审视规划师应承担的角色，规划要解决的核心问题是什么。在协作规划理论模型中规划决策更趋向长远发展目标，综合考虑不同群体利益的合法性，而并非单体利益的简单相加。同时传统的单纯的规划技术理性只能反映未来唯一的发展目标，而在社会、经济快速发展的时代，这种所谓的发展目标不一定合理。因此规划师要通过规划公示、听众咨询会等途径，建立公众参与机制为各界提供对话、辩论的平台，积极反映和尊重各方面意见，在空间规划中积极做出有效应对。

在实践方面，国外协作规划实践分为四种类型。第一种是跨国界协作式规划，如《欧盟空间发展前景框架》，包括部门之间的横向协调与不同级别政府之间的纵向协调。第二种是国家内部层面的协作式规划，荷兰、丹麦等空间规划在国家层面共同规划土地利用与空间布局。第三种是跨流域协作式规划，从区域社会、经济与环境系统的角度，弱化由于行政边界带来的影响，鼓励区域合作而不是竞争。第四种是都市区协作式规划，国内学者对协作规划的研究集中在各种规划的协调研究层面，包括两规、三规、四规、多规、协调体系构建等。传统以建筑美学为导向的规划和强调系统理念的理性规划在复杂和快速变化的环境中，基本以自上而下的方式引导着空间发展，难以理解和满足地方各种人群的需求。多元文化带来的差异使规划需要更多的考虑和探究。通常的行业规范和指标所规定的内容在快速发展下未能及时调整更新，新的规则制定需要包含更多的可能性，体现出新的需求和地方特点。而快速推进的经济发展和房地产建设，会导致当地居民的不支持，加大了规划实施的难度。面对这些困境，协作式规划模型的优点能够为不同利益相关者提供发表各种不同意见的工具，有利于规划师、政府等了解社会不同阶层的价值观，从而有利于科学合理地安排空间规划的内容和任务，使规划方案更加科学合理，提高可操作性。协作式规划从长远来看能够减少调整成本，通过建立共享知识和相互理解，为创造性的合作提供前提条件，这种方法更具有政治合理性，从而提高解决共同问题的能力。虽然协作式规划和公众参与概念不同，前者强调对话，后者强调决策。但是，协作式规划与倡导式规划相似，同样面临谁当裁判以及谁为规划买单等问题。

（四）实用主义规划理论

实用主义规划理论是20世纪80年代后期出现的，是试图利用实用主义哲学思想寻求解决规划问题的方法，强调在特定的条件和形势下对特殊问题的直接解决。该理论认为，规划方案的选择、规划政策的制定等必须通过民主和自由的讨论决定，这是规划师克服政治偏见、克服自我不足的最好方法。其基本观点是：①真理是相对的，实践是解决问题的最好方法。一切实践都是建立在纯粹经验基础上的彻底经验；经验的意义在于它引起的实际行动和效果，从而得到最佳利益。②信仰、个人主见是难以改变的，偏见也客观存在，任何行动都受之影响。③话语是解决分歧的最好办法，而民主自由是前提和基础。④权力的不公正只有通过实用主义解决。针对规划不可避免存在利益冲突这一事实，实用主义规划理论强调"自由主义"和"多元主义"是解决规划问题的最好理论。作为实用主义规划理论核心倡导者的霍奇强调：真理和实践的最好仲裁者是经验而不是理论；规划必须靠社会共识和民主才能够产生效果，必须以自由主义为中心；规划理论无须专门的知识，只要阐明原因、说清内容和坚持信念，人们能够认知、理解并用来指导行动即可。

毫无疑问，实用主义规划理论立足实践，强调依靠社会共识来寻求解决问题的办法是可取的。然而，实用主义规划理论从表面上看以反理论自居，但它实际上却有很深的理论基础，也就是自由民主的理论框架。自由民主理论是从20世纪40~80年代，经过两代人建构而完成的框架体系。但自由民主理论在世界各地的推行并未取得成功，究其原因，就是忽视了实现自由民主制度的"社会条件"，也就是环境条件。实用主义规划理论也同样如此，如果"社会条件"不具备，也一样会遭遇失败。这种规划的"社会条件"包括：不同利益代表的自愿积极性，社会公众积极向上的道德伦理判断，社会具备充裕的资源用于财富的重新分配，每个人具有相对均等的沟通和辩论能力等。显然，这样的"社会条件"在可预计的时间内可能都是一种"乌托邦"。

三、未来国土空间规划的理论发展

近20年来，在"数字地球"与"智慧城市"及移动互联网、人工智能日益发展的背景下，空间规划的理论、方法和技术获得了全新的发展，数字技术正在深刻改变空间规划的专业认识、作业程序和实操方法。在大数据、数据科学、机器学习及计算机创造性等多重因素的驱动下，未来空间规划理论将可能发生一场大的变革，也可能会产生革命性的跃升。这种跃升的实践条件包括：①在数字化技术集成的支撑下，将可以对大尺度空间形态属性进行快速而准确的认知，使得大尺度空间规划走向科学化成为可能。②数字技术的日新月异使空间规划方法的创新成为可能，它强烈地拓展并深刻地改变了人们看待世界物质形态、社会构架和空间再生产的视角和方法。在很大程度上，数字技术将帮助人们重新建构一种超越个体感知的国土空间认知方式和方法。③数字化空间规划强调基于价值观的设计创意与多源数据在长效管理导控量化基础上的有机结合，使空间规划实施操作更加科学有效。

未来国土空间规划理论研究面临的首要任务就是要深刻认识信息文明社会的大背景，深刻认识复杂系统的理论结构，从而建立起国土空间规划特有的理论架构并验证理论架构。而理论架构研究有赖于它的概念、术语、变量的建立和展开，有赖于它的语言规范的建立和其他学科理论的引入、消化、吸收、改造和提升，也有赖于它的方法论的完善和创新。可以预见，国土空间规划有必要建立以人地共生为内核的多层次、多尺度理论架构。以人类生态哲学观和生物生存空间观相结合的全域全要素国土空间利用观，将可能成为国土空间规划的理论基础。该理论基础的核心是要阐明人类需求与国土空间的相互作用过程、时滞、惯性和动力机制，将独立的规划、监测、评价、决策支持、市场结构、社会标准和科学信息最大限度地整合为更有效的社会学习和管理系统，建立国土空间协调发展的概念框架和理论板块。

第五节 国土空间规划的治理理论

一、治理理论的基本内涵及其发展走向

（一）治理理论的基本内涵

20世纪30年代，一场波及全球的经济危机使哈耶克的市场神话彻底破灭。以凯恩斯为代表的福利经济学派，开始倡导和推行国家干预政策，在经济运行中大行其道。然而到了20世纪70年代，西方国家普遍形成经济滞胀局面，通货膨胀与生产停滞共存，失业骤增，政府庞大的开支使物价飞涨，这一切都导致以凯恩斯主义为代表的国家干预政策的失败。在政府和市场不断冲突且又都时常"失灵"的过程中，人们力图寻找政府和市场以外的"第三条路"，由此在20世纪90年代左右就出现了治理理论范式。

所谓治理，全球治理委员会将其定义如下：各种公共的或私人的个人和机构管理其共同事务的诸多方式的总和。它是使相互冲突的或不同的利益得以调适并采取联合行动的持续过程。关于治理理论，各国的理解并不相同，但都包含一个共同点，即认为治理理论是一种汇聚利益相关的多元主体，以持续互动和充分协商的方式来处理公共问题的范式。与传统管理范式相比，现代治理的理论框架具有以下基本特征：

1. 治理主体的多元化

在传统的科层制管理体制中，强调集权，通过等级形成的权威来推进行动方案，其主体是单一的政府组织，偏重运用国家的力量。而现代治理立足于"多元主义观"，国家、

企业、社会组织和公民个人都是治理的主体，而且不仅仅限于社会力量的参与。在多元主体中，相互关系是平等的，强调合作与授权，是一种"网络制格局"，而不是等级与控制。

2. 治理机制的协商化

现代治理采用多种机制和多种利益相关主体博弈互动，但核心是利益相关行为者的平等协商和持续互动，没有形式性的命令等级或科层链条贯穿其中。不同主体围绕共同目标，在一种稳定的相互依赖的环境中，通过持续对话减少个体的机会主义行为。虽然在这种协商和持续对话的过程中，各个主体的权力结构不见得完全对称，利益关系也未必绝对平均，但各个主体之间通过共享公共权力的协商与约定，通过对特定公共事务的信息共享、决策共议、行动共商等机制，共同达成治理的目标。

3. 治理模式的规范化

多元主体的平等协商和持续互动，必须有一定的组织框架作为基础条件和技术支撑，使得治理主体在一个相对固定的成员数量之间活动，在一种相对稳定的治理组织环境中持续协商，才能降低治理主体沟通协商成本。否则，治理主体之间的相互博弈如果缺乏一定的规则和规范，缺乏一定的权威性来解决"议而不决"的事项，则治理必然是低效甚至是失效的。因此现代治理模式强调规范化的运作，着力建立一定的正式或者非正式的制度安排进行统一的约束，来保证主体协商的有效性、有序性和时效性。这种规范化的制度包括仲裁机制、某种契约或者法律制度。

4. 治理过程的动态化

现代治理通过持续不断的互动，使得利益冲突之间的主体的利益关系得以协调，这是一个动态的过程。埃莉诺·奥斯特罗姆认为，治理是在一个特定的环境中，相关主体持续沟通实现制度内生的过程。也就是说，治理绝不仅仅是制定一套规则，而是通过持续的协商和互动，形成共识和行动方案。

（二）治理理论的发展走向

面对政府的职能转型、公众的民主意识提升、企业的社会责任强化、社会组织的成熟完善，治理理论必将不断赋予其更丰富的内涵：

1. 如何建构治理的制度框架

治理理论是作为规避政府失灵和市场失效的第三种范式而出现的，其存在的价值和可行性依赖于是否能够指导实践。要实现问题导向功能，治理理论必须建构系统的制度框架。否则，不同主体之间的沟通协商成本可以变得无限大。而制度框架的建立与社会文化传统、经济发展阶段、法制制度基础等密切相关。面对同样的公共问题，可能需要形成不同的制度框架，这是一项十分复杂而艰巨的任务。

2. 如何明确治理的策略路径

治理被认为是未来社会发展的新趋势，其发展前景被广泛认可。但是，要使治理更有效地发挥作用，需要建立更为密切、更为深入和更为长期合作的多元主体策略联盟关系形态，需要建立更为互动、更为合作和更为一致的协商形式，这不仅仅是一个对政府组织形态差异进行有机整合的大型工程,而且是一个怎样进行组织策略规划与精密调控的点滴工程,包括如何通过信息技术来跨越政府的层级鸿沟,但对于实现治理的路径探索至今缺少明确具体的策略。

3. 如何促进治理理论的本土化

治理理论是一种"舶来品",是一个西方社会语境下的政治概念,各国都仍然面临诸多关于适用性的现实困境。如何在理论框架的引介和解读时,使建立在西方语境下的治理理论逐渐鲜活和本土化,同时结合国情进行创新和发展,在实践操作层面将面临诸多挑战。

4. 如何在关键领域融合科层制

大量研究表明,治理理论对科层制格局"等级恒定"的改变,并不意味着完全取替,在政治体制、警察权行使等需要"权威"作用的关键领域,治理往往需要与科层制协作才能更好地发挥作用。如何在关键领域或者说特殊领域实现治理理论与科层等级制的融合,而不是对治理理论简单的单向度关注,是一项考验智慧、恒心和耐力的工程。

二、国土空间规划治理的实现逻辑

(一) 建构多元主体之间的价值认同

在国土空间规划治理实现的实践层面,构建多元主体共同的价值认同,是治理实现逻辑的先决条件。只有在共同的价值认同之下,各个主体才可能低成本地进行协商和参与,以实现真正意义上的现代治理。是采用传统管理还是采用现代治理,本质上价值取向的不同。只有多元主体能够形成共同认可的核心价值,然后以核心价值观作为标准对自己的行为进行规范,并内化为自觉的价值取向,才能进行协商和对话,否则就会出现"话不投机半句多"的情况。比如,一块城乡接合部的优质耕地,是作为永久基本农田布局,还是作为房地产开发项目布局,必须先要达成开发与保护孰为优先的价值认同,简单的协商和对话是无济于事的。价值认同的建构路径:①依赖于捕捉多元价值主体间的重叠共识。在后现代社会,多元价值主体在承认彼此价值观念分歧的同时,在治理目标上总会存在价值的共识与重叠。比如强化对生态敏感区的保护,禁止在水源保护区周围进行开发建设等,不同价值主体之间总会达成"重叠共识"。通过捕捉介于一致与歧见之间价值主体的"重叠共识",完成空间的有序治理和稳定。②培育"主体平等"的价值认同。即使在西方民主国家,政府以外的价值主体通常也很难有超越政府的权威和资源。如果不能培育多元主体的平等意识,在国土空间规划本身就需要权威治理的环境中,现代治理的协商和对话很可能沦为"空话"。维持整体治理秩序中对非政府角色的价值肯定与认同,才能避免非政府主体出现"看客心态"。

(二) 有机融合工具选择和价值认同

从逻辑的视角看,国土空间规划治理必须将"工具选择"和"价值认同"有机融合,这是治理实现的根本逻辑。在空间规划这个需要自上而下命令和控制的特殊领域,如果没有政府、企业、社会组织、城乡居民等多元主体间价值认同的形成，政府以外主体的有序参与、协商机制和持续对话的设置就很难付诸实践，治理的结构、程序、制度等工具选择将可能因为难以实现与政府主体的价值认同而流于形式，甚至只是增加了交易成本而没有增加产出效果。如果缺乏现代治理机制，公共机构尤其是政府部门及官员就会追求自身的组织目标或自身利益，形成内部性或内部效应，这是规划治理失效的一个基本原因。很多空间规划的结果，只是政府各部门利益的博弈均衡。因此，必须将工具选择和价值认同这两个"形式"与"实质"基质相互渗透、彼此促进，建立空间规划的现代治理机制，才能实现国土空间的良治和善治。

三、国土空间规划的治理之道

（一）遵循国土空间的内在之道

老子构建了以"道"为核心概念的本体论哲学，为国土空间规划治理提供了依据和思考工具。"道"是万物存在的依据，是发展的本源与规律，国土空间规划作为一种空间治理的政策工具也必须依照"道"的规律，只有尊重"道"的规律，依"道"治理，才能实现人类理想空间秩序。从"道"的本体论看，空间规划的本体主要有两种：一是制度规则；二是社会准则。国土空间规划以"制度规则"和"社会准则"效法"天道"、把握"常道"、完善"人道"，从而实现空间善治。按照"道"的逻辑，应把握国土空间发展的演化规律，从现象层面抽象出"国土空间"的特点和本质。从这个角度看，国土空间规划并非出于"设计"，而是"应然"存在，具有"自然"属性。源于"自然法则"的空间规划是规范人们行为的"制度规则"，是一种外在制度。这种外在制度的设计必须遵循文明兴亡的宇宙法则，即能量移动法则、能量守恒法则和熵法则的综合作用，改善对大自然的情感和价值认同，重构促进人地和谐、人与自然共生的空间规划治理新体系，这才是空间规划治理的根本之道。

（二）建构整体性的空间治理之道

整体性是国土空间规划区别于其他规划的重要标识。老子哲学以"道"为中枢，勾勒了一幅宇宙万物生长、变化、相互联的整体图景，以整体思维意蕴把握世界，显示了中国古代哲学特有的天人合一、万物贯通的融浑气质。建构整体性的空间治理框架，是国土空间规划治理的解决之道。著名的"驴马理论"说的是：马比驴跑得快，一比较，发现马蹄比驴蹄长得好，于是把驴身上的蹄换作马的蹄，结果驴跑得反而更慢；接着再比较，又发现马腿比驴腿长得好，于是把驴身上的腿也换作马的腿，结果驴反而不能跑了；接下来，依此类推，换了身体、换了内脏，最后整个的驴换成了整个的马，才达到了跑得快的目的。这个"驴马理论"说明，系统性和整体性思维很重要，国土空间规划的治理也不例外。

在市场经济结构条件下，传统国土空间规划中所奉行的单一、纵向的控制方式可能已愈来愈难以付诸实施。因此，处于空间治理现代化的语境下，国土空间规划治理必须适应现代社会价值多元化的发展趋势，以政府和市场的关系为基础，以多元对话、多方协商和多渠道沟通为手段，创造新的解决冲突的制度环境和治理之道。可是治理理论并不是万能的，它擅长进行横向协调及协商规范，但却可能会影响在国土空间问题上长期政策的推行。因此，需要建构整体性的国土空间治理框架。正如上文已经指出的那样，如果过于强调政府以外主体的作用，空间的整体性可能会被瓦解，长远利益难以保障；如果过于强调政府的命令和控制，治理网络就会退化成科层制。事实上，"等级结构"和"网络结构"是国土空间规划治理一个硬币的两面，具有整体性和不可分割性，是一个过程的两个"基质"。国土空间规划的整体性治理之道，就在于这"两面"的空间之中。

第三章 国土空间规划的技术方法

第一节 国土空间规划基础方法

一、调查勘测方法

(一) 调查勘测主要类型

国土资源开发利用保护现状信息调查与研究是国土空间规划的基础性工作。无论是从整体上把握国土空间开发保护战略，还是编制国土空间规划方案，都需要获得尽可能完善的国土资源开发利用保护信息资料及其对这些资料的整理和分析。在国土资源信息资料的获取工作中，一方面，应充分利用各部门、各行业已有的调查资料，但这些以部门和行业应用为目的的调查资料，其调查项目、时限、精度必然参差不齐，如果简单地汇集起来，不可能对国土空间规划形成全局的认识，需要加以综合的处理；另一方面，为了对评价区域的国土资源开发利用保护有一个深刻、全面的评价，还需要对自然、历史、社会、经济等方面做广泛的信息调查研究。调查勘测是获取国土空间规划第一手资料的必要途径，它主要包括以下三种类型：

1. 工程勘测

包括航片判读调绘、遥感图像解译、国土测绘等。

2. 专业调查

包括国土数量、国土质量、国土权属、国土利用结构、国土生产力、国土开发利用保护问题调查，以及对国土开发利用保护有重要影响的土壤、植被、水文、农业、林业、牧业、交通、人口、城镇网络、经济、环境等专题调查。

3. 观测诊断

包括国土生态、农业生态、水土流失等野外观测与诊断。

(二) 国土资源信息调查

1. 国土资源信息调查的内容

(1) 国土文字信息。国土文字信息调查主要包括下面几个方面内容：①调查与收集规划区内国土资源的种类、数量、质量、规模、分布、组合、结构数据与信息。②收集规划区周边地区及评价区域的上一级行政区域的国土资源状态特征及开发利用保护现状数据和信息。③收集与调查规划区国土资源开发利用保护历史与现状资料。④收集规划区的经济社会发展状况资料。⑤收集规划区国土资源及其开发利用保护的科学研究成果档案资料。⑥收集国内外国土资源开发利用比较成功的国家和地区国土资源开发利用研究成果及经验数据资料。⑦收集与调查各类国土资源的开发利用保护规划及实施效果、各种国土资源调查评价报告等。为了便于系统搜集、整理和分析比较研究同一地域不同时段或不同地域之间的信息资料,可以编制并填写各种区域资料统计图表,最好将收集来的资料分门别类地输入计算机,以便于利用计算机进行分析研究。

(2) 国土图像信息。图像信息包括遥感图像,如航空相片、卫星图片以及各种地图。彩色航空相片,可用于国家和区域制定综合的国土资源开发利用保护规划,还可以用于各种专项的国土空间整治规划,同时还可以被利用于探测地壳变动,判断森林、水体等各种资源的数量消长,发现淹没迹地等,还是地形、地质、土壤、土地利用及其他有关国土空间基础调查研究的重要资料。地图是国土空间规划的制定与实施不可缺少的工作,大致可划分为综合地图和专题地图。其中,专题图是指对特定主题有突出表现的地图,有主要以自然条件为对象的,如水文地质、地形分类、植被、湖沼图等;有主要以人文条件为对象的,如地籍图、行政区划图、道路图、工业分布图等;还有自然与人文相关的图,如土地分级图、土地利用图等。

(3) 国土数值信息。国土数值信息有表示位置的坐标资料与特定网格内属性的网格资料。它是将地形、地质、土壤、高程、土地利用现状、流域、铁路与道路、湖泊与海岸线、行政界线及重大工程、公共设施等有关信息,通过网格或坐标的形式,存储于纸、光盘、磁盘等相关媒介中形成的。网格信息作为表示位置数值化的方法,原则上是采用经纬线将地区分为网格状的"标准区域网格"。标准网格,是按大体等形、等积进行划分的。网格的大小,是由区域的特点、研究工作的深度及精度所决定的。坐标信息包括重大工程、公共设施等点的信息,以及海岸线、行政界线、河川、道路等线状信息。

2. 国土资源信息来源

(1) 政府部门的数据档案。如统计年鉴、经济发展年鉴、环境统计年鉴、城市统计年鉴、国土资源开发利用保护及经济社会发展计划、规划、工作总结、研究报告等。

(2) 各部门各行业规划资料。如土地利用规划、矿产开发利用规划、农业发展规划、农业区划、林业发展规划、水资源开发利用规划、旅游发展规划、环境整治规划等。

(3) 典型调查勘测资料。这种数据文件或报告可以是政府部门组织的调查勘测资料,如城乡居民收入调查、人口普查、国土资源大调查、耕地普查等,也可以是各行业和科研部门、企事业单位组织的调查勘测资料。

(4) 地图和遥感资料。各相关机构、研究单位、新闻出版部门出版发行的或内部使用的各种地图和遥感资料。如地质图、地形图、矿产资源图、土壤图、水资源分布图、土地利用现状图、航空相片、卫星图像等。

(5) 各类政策法规资料。各级权力机构的法令、法规、政策、政府工作报告等。

3. 国土资源信息的获取方式

已进入国土空间规划阶段的国土资源信息获取,主要不应采取实地调查、实时监测、测绘勘探等一切从零开始的手段进行，而应主要采取收集、汇总、分析各有关部门、行业、单位和个人的调查研究成果的方式进行。但是，对于国土空间规划的底线控制指标，必须采取实地调查勘测的方法进行落地。例如，永久基本农田划定，就需要应用土地利用现状调查成果，建立已有基本农田划定成果与土地利用现状调查成果对应关系，将基本农田保护专题信息落到土地利用现状调查成果上，由基本农田划定部门进行核实、认定；依据土地利用总体规划成果，确定拟调出、调入的地块，并到实地勘察定界，应用农用地分等成果，核实拟调出、调入基本农田的空间位置、数量、质量等级、地类等现状信息。

（三）国土资源信息处理

1. 利用系统论方法分析整理国土资源信息

国土资源开发利用保护研究的对象极其复杂，反映国土资源开发利用保护情况的资料是多方面的，既有经济社会方面的，又有自然生态方面的。因此，为了取得国土资源开发利用保护的可靠诊断结论，应从系统的角度出发，系统地分析所取得的国土资源信息，以期从纷繁复杂的信息中，归纳总结出最能反映规划区域国土资源开发利用保护本质特征的结论。

2. 建立规划地区国土资源数据库及数据分析系统

数据库技术与数据分析系统是20世纪60年代崛起的新技术。由于它这项新技术已经成为国土空间规划重要的方法手段之一。国土资源数据库与数据分析系统是指存储于计算机存储器中的国土资源各要素的特性及其分布位置的数字信息集合，它是相当严密的国土资源数据库管理方式，以实现国土资源数据共享和快速存取、修改和更新。通过计算机，用户可以迅速检索到所需要的有关国土资源的数据，并按自己所需要的形式输出资料（数据、表格和各种图件），回答各种咨询，提供可选择的各种方案，用于国土资源综合分析评价。数据库技术能够用科学方法对庞大的数据信息进行系统整理、保存、更新和分析并使之为社会所共用。由于现代国土资源开发利用保护的范围广泛，对所形成信息的值与量，处理信息的效率与技术的要求也大大提高，特别是航空、航天遥感技术的发展，使得遥感获取的地面信息大增，人们应接不暇，传统的工作方法不能适应现代的要求，出现了所谓"信息大爆炸"的局面。建立国土资源数据库与数据分析系统，不仅能够处理数据量庞大的数据，而且可以对已有资料进行系统整理，使分散的资料系统化，使独享的资料变为共享资料，使杂乱的数据标准化，使单独要素资料变成综合的资料，可以及时获得动态信息，这就为国土资源开发利用保护现状评价和国土空间规划提供了极为有效的研究手段，使资源数据变成国土空间规划的宝贵财富。

国土资源数据库与数据分析系统一般由空间数据和非空间数据按一定的组成结构体系所形成，由数据库管理与处理系统、模型分析系统、数据分析系统三大部分组成。

国土资源信息通过数字化、扫描、转换、录入等方式输入计算机，根据数据结构与数据库的构建方式形成一个规划区的完善的数据库，这种数据库在其配套的数据库管理与处理系统、数据分析系统的配合支持下，可以根据用户或研究者的需要输出各种符合国土空间规划要求的图像、计算结果、统计表格等。图3-1反映的是数据库与数据分析系统的建立流程及其主要内容。

二、系统评价方法

(一) 国土空间适宜性评价

国土空间适宜性评价，又称国土空间开发适宜性评价，是国土空间开发格局优化与区域协调发展的重要基础与科学依据。进行国土空间开发适宜性评价，是利用地理空间基础数据，在核实与补充调查基础上，采用统一方法对全域空间进行国土适宜性评价，确定其生态功能、城镇建设功能、农业功能和其他功能等方面适宜开发、较适宜开发、较不适宜开发和不适宜开发的区域，并以此为基础，合理划定生态、农业、城镇空间，给出不同空间内的建议开发建设强度，为国土空间规划和国土空间资源有效利用提供科学依据。

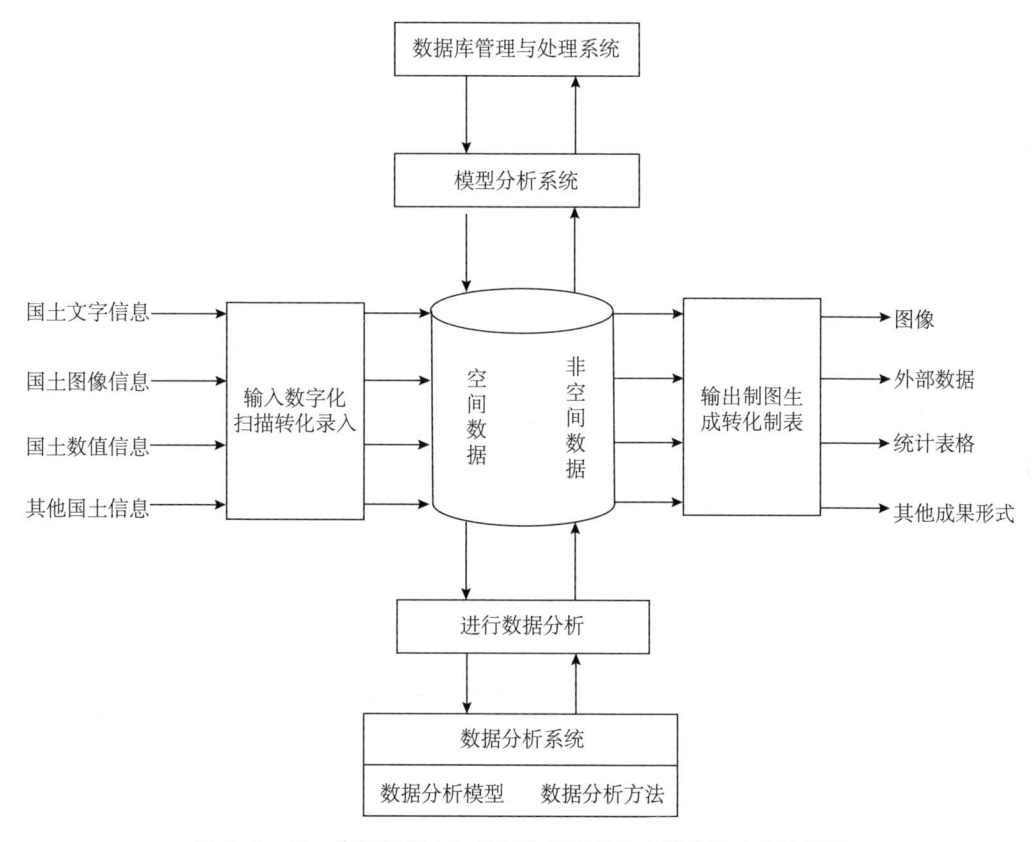

图 3-1 国土资源数据库与数据分析系统内容结构及建立流程图

(二) 农业功能适宜性评价

国土空间的农业功能是指以利用土地资源为生产对象，培育动植物产品从而生产食品及工业原料的一种功能。农业功能适宜性指农业空间构建过程中不同土地用于农业生产功能的适合程度。

1. 评价思路

农业功能适宜性评价是指农业生产适宜性，重点针对耕地、园地、牧草地和其他适合农业种植业生产的土地利用类型，考虑其现状土地利用情况，再结合土壤污染、土层厚度、障碍层、坡度等对农业耕作的限制程度进行评价。最终，将全域国土空间划分为农业功能适宜、较适宜、较不适宜、不适宜四个等级（图3-2）。

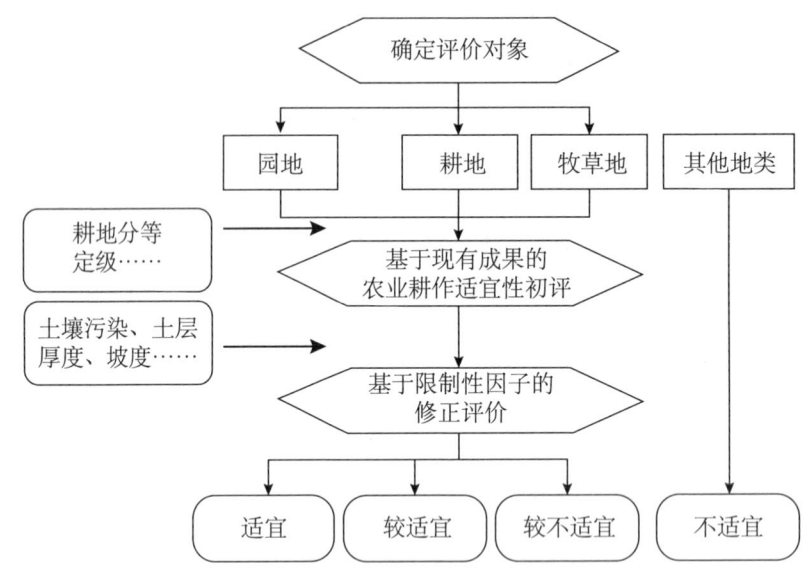

图3-2 国土空间农业功能适宜评价技术路线图

2. 评价方法

根据评价思路建立评价指标体系（表3-1），根据耕地、园地和草地自身等级、土壤污染情况等进行适宜性的评价。具体评价步骤如下：

表3-1 国土空间农业功能适宜性评价指标体系表

目标层	指标层		指标分级	建议等级或分值
农业功能适宜性评价	S_1	耕地等级	1~5	1
			6~9	2
			>10	3
	S_2	后备耕地、园地和草地	集中连片后备资源	1
			园地、草地	2
			非集中连片后备资源	3
	S_3	土壤污染等级	清洁	1
			轻微和轻度污染	2
			中度和重度污染	3

（1）第一步：评价对象定级。根据专家经验和相关资料，首先将现状耕地、后备耕地、园地和草地本身赋予农业功能适宜性等级。

（2）第二步：土壤污染限制性评价。评价耕地（S_1），后备耕地、园地和草地（S_2）的土壤污染限制性，比较其自身等级与土壤污染限制性等级，将低等级赋予所在地块，代表其受到的土壤污染限制性。

$$S = \max(S_1 \text{ or } S_2, S_3) \tag{3-1}$$

式中：S 为耕地、后备耕地、园地和草地的土壤污染限制性评价等级。

（三）城镇建设适宜性评价

城镇建设适宜性指土地用于建设开发的适合程度。

1. 评价思路

城镇建设适宜性为全域评价，主要从地形坡度、生态敏感性、岩土稳定性、矿山占用、地质灾害等方面考虑城镇开发建设自然适宜性（图3-3）。

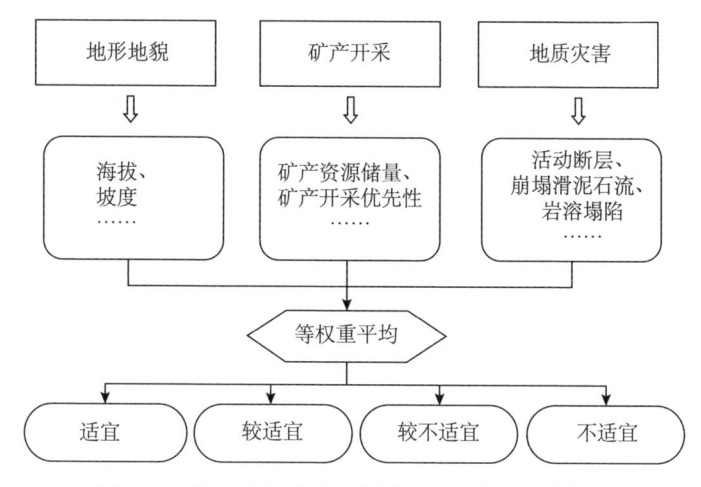

图 3-3 国土空间城镇建设适宜性评价技术路线图

2. 评价方法

根据评价思路，构建城镇建设适宜性评价指标体系（表3-2）。城镇建设适宜性评价指标，通常包括坡度、地形、岩土稳定性、水文地质、矿山占用、基本农田限制、自然保护区等生态限制、道路可达性等影响开发建设的指标。可以采用因子等权平均法开展城镇建设自然适宜性评价：

$$U = \frac{N + M + \sum_{k=1}^{l} G_i}{2 + l} \tag{3-2}$$

式中：U 为城镇建设适宜性分值，据此分值将城镇建设自然适宜性划分为适宜、较适宜、较不适宜和不适宜四类。也可以采用区域建设用地适宜性多因素综合评价模型，计算方法如下：

假定在评价中选取 m 个因素，每个因素包含 n 个指标，评价单元内某个因素的评价值等于各指标分值累加之和，即

$$P_i = \sum_{j=1}^{n} F_{ij} W_j \tag{3-3}$$

式中：P_i 为 i 因素的评分值；F_{ij} 为 i 因素中 j 因子的分值；W_j 为 j 因子的权重值。

设 P 为某土地评价单元总评分值，W_i 为 i 因素的权重值，该单元总评分值为

$$P = \sum_{i=1}^{m} P_i W_i \qquad (3-4)$$

表 3-2　国土空间城镇建设适宜性评价指标体系表

目标层	系统层		指标层	指标分级	建议等级
城镇建设适宜性评价	地形地貌	N	坡度	0~8°	100
				8°~15°	80
				15°~25°	60
				>25°	40
	矿山占用	M	矿山占用土地	未占用	100
				中转场地、矿山建筑	80
				采场	60
				塌陷地、固体废弃物	40
	地质灾害	G_1	活动断层	1000 米	100
				800 米	80
				500 米	60
				200 米	40
		G_2	岩溶塌陷	不易发区	100
				低易发区	80
				中易发区	60
				高易发区	40
		G_3	崩塌滑坡泥石流易发程度分级	非易发区	100
				低易发区	80
				中易发区	60
				高易发区	40
		G_4	地质灾害易发区	不	100
				低	80
				中	60
				高	40

（四）生态功能重要性评价

国土空间生态功能指生态系统与生态过程形成的、维持人类生存的自然条件及其效用，包括气候调节、水调节、土壤保持等。生态功能重要性指生态系统在发挥这些功能时的重要程度。

1. 评价思路

生态功能重要性评价为全域评价，从生态保护底线、生态系统服务重要性、生态敏感性和生态修复必要性等四个方面评价生态功能重要性。其中，生态保护底线是生态功能重要性最高等级，而生态系统服务重要性、生态敏感性和生态修复必要性则根据其程度来进行重要性的评估（图3-4）。

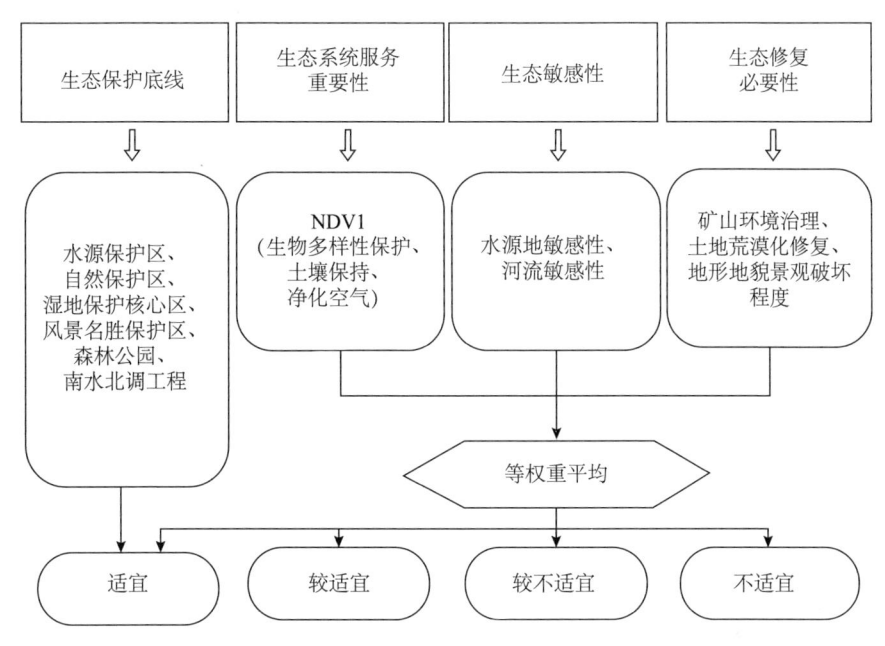

图 3-4 国土空间生态功能重要性评价技术路线图

2. 评价方法

根据评价思路建立评价指标体系（表3-3）。评价指标可以分为两大类：一类为强限制性指标，包括生态保护底线，该范围所包括的区域生态适宜性为最大值100；另一类为弱限制性指标，包括生态系统服务重要性、生态敏感性和生态修复必要性，通过等权重求和法计算获得。

（1）生态保护底线区域评价。对自然保护区、水源保护区、湿地保护区等具有生态强制性的区域进行评价，赋值为重要性最高的等级分值100，即生态保护底线区为最适宜等级。

$$E = \begin{cases} 100, & D_z = 100 \\ 0, & D_z = 0 \end{cases} \tag{3-5}$$

式中：E 为生态功能重要性分值；D_z 为第 z 个生态保护底线指标。

（2）非生态保护底线区域评价。在上述评价基础上，对非生态保护底线区域进行生态功能重要性评价。

$$E' = \frac{\sum_{i=1}^{n} S_i + \sum_{j=1}^{m} M_j + \sum_{k=1}^{p} R_k}{m + n + p} \tag{3-6}$$

最后，在上述评价的基础上，根据重要性评价分值的直方图进行重要性等级划分，最终获得重要、较重要、较不重要和不重要等的等级。

表 3-3 国土空间生态功能重要性评价指标体系

目标层	系统性	指标层		指标分级	建议分值
生态功能适宜性	生态保护底线	D_1	自然保护区	保护区	100
				非保护区	0
		D_2	水源保护区	保护区	100
				非保护区	0
		D_3	湿地保护区	保护区	100
				非保护区	0
		D_4	风景名胜区	保护区	100
				非保护区	0
		D_5	森林公园	区内	100
				区外	0
		D_6	国家一级公益林	区内	100
				区外	0
		D_7	南水北调线状工程数据（两侧各缓冲 200 m）	区内	100
				区外	0
	生态系统服务重要性	S_1	NDVI	0.8~1.0	100
				0.6~0.8	80
				0.4~0.6	60
				0~0.4	40
	生态敏感性	M_1	河流敏感性	<500 m 区域	100
				500~1000 m 区域	80
				1000~2000 m 区域	60
				>2000 m 区域	40
		M_2	水源地敏感性	水源地及其 500 m 缓冲区	100
				500~1000 m 缓冲区	80
				1000~2000 m 缓冲区	60
				>2000 m 区域	40
	生态修复必要性	R_1	土地荒漠化程度	中度荒漠化	80
				轻度荒漠化	60
				其他	40
		R_2	矿山地质环境保护与治理	重点治理区	80
				一般治理区	60
				保护预防区	40
		R_3	地形地貌景观破坏程度	破坏区	80
				非破坏区	60

（五）国土资源开发潜力评价

国土资源开发潜力是指在合理开发条件下国土资源能够产生的最大利用价值。国土资源开发潜力的大小决定国土空间规划中国土资源开发方式、方法和开发投入计划的制定。因此，准确的国土资源开发潜力评价是国土空间规划中的国土资源开发方式、方法、开发计划的确定，开发资金的投入，开发效益的测算的基础，决定着制定出的国土空间规划和开发计划能否使该地域的国土资源得到充分利用，发挥出其应有的作用。

国土资源的开发潜力主要与评价地域内国土资源的种类、数量、质量、国土资源的时空和种类组合结构特征、国土资源开发的技术经济水平、国土资源开发对生态平衡的影响程度、国土资源开发地域所处的更大系统的国土资源开发状况等因素有关。主要是根据评价地区国土资源利用现状、产业结构特征和经济社会发展目的，对该地区的国土资源开发潜力做出科学评价。

在国土资源系统中，既有硬资源，又有软资源；既有可再生资源，又有不可再生资源。不同类型的资源，不但其数量、质量、结构、开发条件不同，而且其量化手段、标准、方法也不同，所以对于每种类型的国土资源，应该采用适合其特点的资源开发潜力计算方法，然后再汇总成评价地区的总开发潜力。一般来说，如果资源开发潜力计算结果换算为用货币度量的经济价值，就应转化为货币价值，这样看起来比较直观也便于资源间进行分析比对和加总。

限于篇幅，本书无法穷举每个类型的资源开发潜力计算方法，下面仅列出矿产资源、土地资源、农业气候资源、交通资源和劳动力资源的开发潜力计算方法和国土资源开发潜力综合评价方法。

1. 矿产资源开发潜力

矿产资源开发潜力一般是用总储量（MP_1）和可采储量（MP_2）两个指标进行度量的，其计算公式为

$$MP_1 = \sum_{i=1}^{n}(TR_i \cdot E_i \cdot P_i) \tag{3-7}$$

$$MP_2 = \sum_{i=1}^{n}(wR_i \cdot E_i \cdot P_i) \tag{3-8}$$

式中：MP_1 为基于 n 种矿产资源总储量的开发潜力；MP_2 为基于 n 种矿产资源可采储量的开发潜力；TR_i 为第 i 种矿产的已探明总储量；wR_i 为第 i 种矿产的可采储量；E_i 为第 i 种矿产资源的最高总回收率；P_i 为第 i 种矿产资源的世界市场价格。

2. 土地资源开发潜力

土地资源开发潜力的计算公式为

$$LP = \sum_{i=1}^{n}NL_iP_i + \sum_{j=1}^{m}ML_jP_i \tag{3-9}$$

式中：LP 为土地资源开发潜力；NL_i 为评价地域内第 i 块未利用地的面积；ML_j 为评价地域内 j 块未充分开发利用的土地面积；P_i 为评价地域内第 i 块未充分开发利用土地经充分开发利用后的新增价值。

3. 农业气候资源开发潜力

农业气候资源是由光能、热量和降水等成分构成的，每个成分都有其物理度量，但气候资源要通过生产力进而显示出其经济价值，就必须与水资源、土地资源和生物资源结合，来计算其农业生产潜力。通常包括计算光热气候资源开发潜力、光热降水气候资源开发潜力和光热水土资源开发潜力。这里只介绍光热气候资源开发潜力和光热降水气候资源开发潜力（也称为气候资源开发潜力）。

4. 交通资源开发潜力

交通资源主要包括公路、铁路、水运和航空。如果现在有交通资源未达到设计运力，则评价区现有交通资源的开发潜力就等于交通资源设计最大年盈利额度减评价年的实际盈利额；则根据评价区的经济社会发展规划，评价地区内需新建多少交通设施，并以这些计划将兴建的交通设施的预期年最高盈利额作为评价区交通资源的开发潜力值。

5. 国土资源开发潜力综合评价

一般来说，资源的开发潜力是随着科学技术的发展而变化的。但有些资源量是有限的、不可再生的，最大潜力就是它的开发极限，是一个固定的数，技术的发展不可能使其开发潜力增大。有些资源的开发潜力则随着技术的进步而不断增大，所以在计算每种资源的开发潜力时不但应考虑每种资源的特点，而且应充分考虑技术进步对资源开发潜力的影响程度，并视技术对各种资源开发潜力的影响历程和影响前景，做出适当的校正。

国土资源开发目标不同，国土资源的开发潜力是不同的，所以在计算国土资源开发潜力时，应分别对多个可能的开发目标下的潜力进行计算，并据此指出在哪种开发目标下该种资源的开发潜力最大。

一个评价地区内的国土资源具有种类多样性。如果每种资源的开发潜力能很容易地用相同的量纲测算出来，或者其开发潜力都能以货币形式表示，那么这个地区内国土资源的开发潜力就是评价地区内所有资源开发潜力的总和。但事实上，国土资源系统中的各种资源开发潜力的量度指标及其含义是很难统一的，所以，只靠简单求和方法很难求得评价地区内国土资源的总体开发潜力的客观值。所以，对于一个评价地区内的国土资源综合开发潜力一般可以用加权指数法进行评价。而国土资源开发潜力综合指数可以用下式表示：

$$\begin{cases} RI = \sum_{i=1}^{n} d_i \cdot R_i \\ \sum_{i=1}^{n} d_i = 1 \end{cases} \quad (3-10)$$

式中：RI 为国土资源开发潜力综合指数，RI 越大表示开发潜力越大，RI 越小则表示开发潜力越小；d_i 为第 i 种资源的开发潜力权重；R_i 为第 i 种资源开发潜力分值；n 为评价地区内资源的种数。

在进行国土资源开发潜力加权指数评价时，需要在分析国土资源状态数据和单个资源开发潜力数据的基础上，制定评价地区内各种资源开发潜力取值和权重数值标准，请有关专家根据评价地区内的资源状况打分，然后再计算出评价地区内国土资源开发潜力综合指数 RI。

（六）劳动力资源开发潜力评价

一个地区的总劳动力一般可划分为农业劳动力、工业劳动力、服务业劳动力、掌握科学技术的劳动力、掌握高新技术的劳动力和失业劳动力六部分。进行劳动力资源开发潜力计算时可以按这一分类进行计算，也可按统计资源分行业进行。计算时，首先，用每种行业的从业人数乘以世界上中等发达国家的相同行业从业人员的每人年平均工资水平与评价区域内相同行业从业人员每人年平均工资水平的差值求得该行业的劳动力资源开发潜力。其次，将失业人员乘以评价区内最低工资水平的行业从业人员每人年平均工资水平，求得失业劳动力资源的开发潜力。最后，将评价区内所有行业的劳动力资源开发潜力相加，并加上失业劳动力资源开发潜力即可求得评价区域内全部劳动资源的开发潜力。

（七）资源环境承载力评价

资源环境承载力是指在一定的时期和一定的区域范围内，在维持区域资源结构持续发展需要，区域环境功能仍具有维持其稳态效应能力的条件下，区域生态资源环境系统所能承受人类各种社会经济活动（人口总量、经济规模、发展速度等）的能力，包含了资源、环境、生态、设施四类要素的综合承载能力概念。资源环境承载力不仅取决于承载主体条件，也取决于承载对象的规模结构。自然资源环境系统为承载主体，提供资源供给、环境纳污、生态系统调节能力等支撑力；经济社会系统为承载客体，施加资源消耗、环境排污、生态服务等压力。在一定社会发展条件下，资源与能源、生态、环境容量，社会设施与基础设施能力是有限的。因此，人类生产活动应限定在综合承载能力的范围之内，这是实现区域可持续发展的基本条件。资源环境承载力评价包括资源承载能力评价、环境承载能力评价、生态承载能力评价和设施承载能力评价等方面。

三、预测分析方法

（一）预测分析的原理

规划的前提是预测，没有预测提供的科学依据就很难进行未来规划。所谓预测，是人们对未来或不确定事件的行为和状态做出的主观判断。预测的立足点是过去和现在，着眼点是未来。预测的实质是预测者选择和使用一种逻辑结构使过去、现在与未来相通，以达到描述未来状态和特征的目的。预测的主要原理如下：

1. 惯性原理

事物的发展和系统的运行在没有受到外力强烈干扰的情景下，通常都会有一定的惯性，即过去和现在的情景将会持续到未来。这一原理在时间序列分析的预测基础中，可定义为时序的随机平稳性。如果所分析的时间秩序不具有随机平稳性，就不能利用时序分析的预测技术进行科学的预测。不仅外推法如此，宏观计量经济模型分析也如此。如投入-产出分析，它进行预测的先决条件是不变的投入系数和不变的部门经济结构形式。当然某些技术系数肯定会随时间而变，但是很明显，只要这些改变是有规律的，那么这种不变性就仍然存在。在这种情况下，不是系数本身保持不变，而是修正系数的方法保持不变。惯性原理，历来被人们认为是一条经验法则。这种经验法则之所以能奏效就是由于系统结构的稳定而使事物发展的趋势基本稳定。正是这样，人们才能对事物的进程进行模拟和预测。

2. 类比原理

它是根据两个具有相同或相似特征的事物间的对比，从某一事物的某些已知特征去推测另一事物的相应特征，从而对预测对象的未来作出判断的预测方法。类比方法是在两个特殊事物之间进行分析比较，它不需要建立在对大量特殊事物分析研究并发现它们的一般规律的基础上。因此，它可以在归纳与演绎无能为力的一些领域中发挥独特的作用，尤其是在那些被研究的事物个案太少或缺乏足够的研究、科学资料的积累水平较低、不具备归纳和演绎条件的领域。其基本模式是：若 A 对象具有属性 a、b、c、d，且 B 对象具有属性 a、b、c，可推断 B 对象具有属性 d。类比推理的过程，是从特殊到特殊、由此及彼的过程。由这种方法所得出的结论，虽然不一定可靠、精确，但常常富有创造性，往往能将人们带入完全陌生的领域，并给予许多启发。例如，将沿海发达城市与西部相对欠发达城市进行类比，就可以大致推断西部相对欠发达城市的未来发展趋势。

3. 关联原理

在社会经济系统中，许多社会经济变量之间常存在着关联关系或相关关系，如正相关、负相关等。通过这种关联关系分析，就可以对预测事物的未来变化进行判断。多元回归分析的预测技术，就是根据这种关联原理，从样本对整体进行估计、验证和模拟，对事物的未来进行预测。

4. 概率原理

它是指任何事物的发展都有一定的必然性和偶然性，社会经济发展过程也不例外。通过对事物发展偶然性的分析，找出其发展规律，从而进行预测。马尔可夫链预测模型，就是应用概率原理进行预测的一种方法。在马尔可夫链的每一步，系统根据概率分布，可以从一个状态变到另一个状态，也可以保持当前状态。状态的改变叫作转移，与不同的状态改变相关的概率叫作转移概率。随机漫步就是马尔可夫链的例子。随机漫步中每一步的状态是在图形中的点，每一步可以移动到任何一个相邻的点，在这里移动到每一个点的概率都是相同的。该模型对于短期的事件预测，有效性相对较高。

在规划的预测过程中，每一项内容的预测、每一种方法的选择，都要看是否符合上述预测的基本原理。如果违背预测的基本原理，预测也可能会变成"陷阱"。

（二）预测分析的程序

预测是否能取得预期的成功效果，很大程度上取决于预测研究的程序设计和预测方法的选择。国土空间规划的各类预测，需要遵循以下一般程序：

1. 确定预测任务

要明确预测目的（目标）、预测期限和范围。预测的问题或目的不同，所需的资料和采用的预测方法也有所不同。如就业预测、交通需求和绿色空间需求预测，它们所采用的资料和方法都应该是很不相同的。有了明确的目的，才能据以搜集必要的统计资料和采用合适的统计预测方法。

2. 确定预测因素

找出（或确定）和预测目标任务相关联或有一定影响的预测因素。例如要对城市用地规模进行预测，就要找出产业、就业、人口、GDP、固定资产投资等因素，才能更好地预测不同时段城市用地的合理规模。

3. 搜集和审核资料

准确的统计资料是进行预测的基础。预测之前必须掌握大量（完备）的、全面的、准确有用的数据和信息。为保证资料和信息的准确性，还必须对资料和信息进行审核、调整和推算。对审核、调整后的资料和信息要进行初步分析，画出图形，以观察数据的性质和分布，并分析其发展变化的规律，作为选择预测模型的依据。

4. 选择模型进行预测

国内外文献所记载的预测技术多达 150 多种，其中常用的有 10 多种。不同预测技术所适用的类型、范围和期限都有很大差别，如何科学合理地选择预测模型进行预测，就成为十分关键的问题，但现阶段尚未形成统一的共识。在通常情况下，模型选择的基本原则：一是要符合预测对象变化的自然规律；二是需要反映出预测对象随时间变化而动态变化的特性；三是应依据不同的需求确定选择的方法。由于不同的单个预测模型考虑不同的因素变量，这些变量含有不同的信息，它们均能从各个侧面体现同一个复杂预测系统的发展状态，因此组合预测成为国内外预测领域推荐的重要范式。在组合预测模型构建方面，基于信息算子的组合预测模型、基于相关性指标的组合预测模型、模糊环境下的组合预测模型、智能组合预测模型等都得到广泛的应用。

5. 误差分析与模型检验

预测误差是预测值与实际观察值之间的离差，其大小与预测准确程度的高低成反比。预测误差虽然不可避免，但若超出了允许范围，就要分析产生误差的原因，以决定是否需要对预测模型和预测方法加以修正。计量经济学（预测）有句名言：检验、检验、再检验。由此可见检验的重要性。

（三）预测分析的方法

国土空间规划预测的内容主要包括：产业、就业、人口、住房、土地、基础设施、交通、绿色空间等。其中就业和人口预测是核心，知道了就业和人口，土地、住房、基础设施、交通需求等的预测就变得相对简单。而人口分布又与就业机会高度相关，因而就业预测就成为关键的关键。但就业机会与产业发展高度关联，因此在国土空间规划预测过程中，产业发展和就业机会的预测就变得更加重要。从产业和就业的角度看，预测方法可分为直观预测法、因果预测法和时间序列预测法。其中，直观预测法一般用于定性预测，而因果预测法和时间序列预测法主要用于定量预测。在选择预测方法时，一般考虑 6 个基本要素：预测的应用范围、预测的资料性质、模型的类型、预测方法的精确度、适用性和使用预测费用。对于较为常用的预测方法，可从以上 6 个方面进行比较。

1. 直观预测法

直观预测法一般用于定性预测，常用的有头脑风暴法、专家会议法、主观概率法、特尔菲法等。特尔菲预测法也称专家匿名调查征询法，是目前预测中使用最为广泛的定性预测法。特尔菲法的基本思路是由预测工作小组对每一轮意见进行整理汇总，并作为参考资料再发给每位专家，供他们分析判断，作为提出新一轮意见的参考依据，如此多次反复，专家的意见日趋一致，使结论的可靠性增大，从而取得满意的预测结果。

使用特尔菲法必须坚持如下三条原则：

第一条是匿名性。对被选中的专家要求保密，不让他们彼此互通信息，使他们不受权威、资历等方面的影响。

第二条是反馈性。在预测过程中，要进行几轮（3~5轮）专家意见征询。由于每一轮预测之间的反馈和信息沟通可进行比较分析，因而能达到提高预测准确度的目的。这样，征询过程通常都会呈现逐步收敛的趋势，容易集中各种正确的意见。

第三条是统计特性。特尔菲法的每次信息反馈，都要用数理统计方法进行整理分析。

运用特尔菲法进行预测通常按以下程序进行：

（1）成立预测工作小组。预测工作小组明确预测目标，并根据目标收集有关资料，同时负责设计意见调查表聘请专家、数据处理等。

（2）意见调查表设计。在调查表内要简明扼要地说明预测的目的和任务，提出的问题要清楚、明确，不带任何框框和掺杂调查小组的个人意见；问题要集中，由浅入深地排列，以引起回答的兴趣。

（3）聘请专家进行咨询。聘请10~40名专家，由工作小组向他们提供调查表并提供进行预测的各种有关资料，专家们各自按照自己的想法提出预测意见。

（4）意见整理汇总。对专家意见进行统计分析，并将统计结果反馈给专家，如中位数、四分位差、标准差等统计结果和统计图表，以及反馈必要的各专家预测理由，让专家进行下一轮预测。

（5）预测结果的确定。经过专家多次反复提出预测意见，逐步缩小各种不同的意见的差距，得到基本上趋于一致的预测结果。

总之，特尔菲预测法的主要优点是简明直观，避免了其他专家预测法受到权威和大多数人意见牵制的弊病，可通过信件、电子邮件等通信途径进行，不受地区和人员的限制，费用较低，由于进行了意见反馈，能最大程度启发专家的思维。但是特尔菲法也存在着缺点，主要是预测结果受主观认识的制约，专家思维的局限性会影响预测的结果；同时在技术上仍不够成熟，如专家的选择没有明确的标准，预测结果的可靠性尚缺乏严格的科学分析。

2. 因果预测法

因果预测法有回归分析法、前导指标法、投入产出法等，其中回归分析法最为常用。

3. 时间序列预测法

时间序列预测是以某一指标的时间序列反映的区域社会经济现象发展形态为依据，进行趋势外推，预测其未来发展趋势和水平的常用方法。时间序列预测的模型方法很多，较常用的有曲线（直线、抛物线、指数、对数）外推模型、指数平滑模型、移动平均模型、灰色预测模型等。其中曲线外推模型本质上就是回归预测法（即观测样本为时间序列数据）。

逻辑斯蒂曲线模型。当预测对象存在着增长极限时，利用直线、抛物线、指数、对数等曲线外推模型进行中长期预测往往不符合要求。逻辑斯蒂曲线模型适合于预测对象存在增长极限的情况，尤其对人口增长、城镇化水平提高等预测非常适合。

4. 指标预测常用模型

（1）人口预测模型。常用的人口预测模型有人口总量趋势外推模型、人口因果预测模型和人口差分方程预测模型。

人口总量趋势外推模型是一种时间序列预测模型，常用的又分为线性增长模型、几何级增长模型、指数增长模型、灰色GM（1，1）模型、逻辑斯蒂曲线模型等。

人口因果预测模型常用于城镇人口、迁移人口等预测。模型通过建立人口（被解释变量）与经济生产总值、固定资产投资、建设用地发展、流动人口数量等解释变量进行预测，最后得到未来人口的预测量。

人口差分方程预测模型是根据分年龄的人口结构递推公式进行预测，能较好地运用人口普查资料对未来人口进行预测。

关于就业和人口预测，常用的还有经济基础理论、转移-份额分析、投入-产出分析等，这些方法都相对比较复杂。需要指出的是，在不确定性日益增加的复杂社会，时空关系越来越难以把握，所有预测只能作为规划决策的一种参考，必须结合更深入细致的地方调查、情境分析和宏观发展趋势研判，才能对未来做出科学预判。应该清楚地认识到，绝大多数预测方法都是以现状和稳定的趋势为前提的，可现实中的趋势大多是复杂且不稳定的。例如，对城市就业人口的预测，趋势外推法在大多数情况下并不适用。

四、空间分区方法

（一）国土空间分区基本方法

国土空间分区是国土空间规划的重要基础，是国土空间优化配置的核心内容，是制定差别化国土资源管理政策的主要依据。国土空间分区一般以地域分布规律为理论基础，确定不同的理论和方法准则作为指导思想，并指导选取分区指标、建立分级系统、方法体系。针对国土空间分区的多主题集成和多尺度融合，采用自上而下的国土空间现状要素分析与自下而上国土空间功能表达相结合，形成一个有机整体，评价单元原则上不打破行政界线或产权界线的完整性，而分区实施过程中对评价单元界线与数据单元尺度不一致的情况可运用地理信息系统空间分析方法予以解决。几种常见的具体分区方法如下：

1. 聚类分析法

利用统计手段进行聚类分析，可以根据影响自然、经济和社会等指标对区域内各地区进行分析，找出地区间的差异和地区经济发展特征，这是国土空间规划分区的重要参考基础。常见的聚类方法包括模糊聚类、K-均值聚类、系统聚类、动态聚类等。

2. 空间叠置法

又称套图法，适用于规划图和区划图齐全的情况，是指将有关图件上规划界线重叠在一起，以确定共同的区界。对于不重叠的地方要具体分析其将来主导的国土空间用途并据以取舍。

3. 综合分析法

又称经验法，是一种带有定性分析性质的分区方法，主要适用于区域差异显著、分区明显易定的情况，要求操作人员非常熟悉当地的实际情况，一般应为专家个人或集体。

4. 主因素法

这一方法是在微观的规划单元划分基础上，适当地加以归并，逐步扩大国土空间利用区，再将地域相连的类型区合并成为区域，以主导的国土空间用途作为国土空间区域名称。

除了上述分区方法以外，还要结合公众参与、创新理念分析和空间模型应用等综合分区思想，最终实现多主题集成和多尺度融合的国土空间分区。

（二）国土空间地域分区方法

国土空间地域分区通常是指在地市级以上大尺度的国土空间规划中，按照自然、生态、社会、经济及国土空间开发保护的一致性和管理方针的一致性所划分的区域。地域分区方法是依据地域共轭性原理，以自然区划方法为基础，按照国土空间开发保护一致性和差异性的大小进行区域划分。这样划分的区域内部以某一类国土空间开发利用保护为主，但同时存在其他非主导的开发利用保护类型，实际上是一种不同开发利用保护类型的组合分区。地域分区中的同一区域不能在空间上断续分布，一般区域命名以地理差异为主命名。这种分区方法对认识区域内部不同地方的国土资源特点和确定不同地方国土资源开发保护方向无疑是非常有帮助的。

1. 国土空间地域分区原则

在进行国土空间规划地域分区时，必须遵循以下基本原则：

（1）相似性原则。同一区域内的自然生态条件和社会经济条件应当基本相似，以保证国土空间开发保护条件、开发保护方向和开发保护强度基本相同。

（2）一致性原则。同一区域内国土空间开发、利用、整治和保护的措施具有相对一致性，开发保护存在的主要问题和解决问题的途径具有相对一致性，以便于国土空间规划的实施监管。

（3）综合性原则。由于国土空间开发保护的复杂性，因而只有综合分析各方面的因素，同时善于抓住主要矛盾，才能真正理解国土空间开发保护的问题、特点和规律。

（4）完整性原则。由于各类关于国土空间开发保护的资料大多是按行政单位统计的，以行政单位作为分区单位，有利于资料的收集和信息处理，因此对于大尺度的地域分区应保持行政界线的完整性和分区界线的连续性，以便于各级行政主管部门对国土空间开发保护的监管，从而使分区结果易于执行落实。

2. 国土空间地域分区方法

国土空间地域分区的方法可采用主成分分析法和聚类分析法等定量方法进行，也可采用专家调查法等定性方法进行。但无论采用哪种方法，都需要先建立反映国土空间开发保护地域差异的指标体系，然后根据指标体系收集有关资料，得到各指标的数值或评语，再采用一定的方法将这些数值或评语转化为可以比较的指标值，之后就可以采用定性或定量方法将各个单元划分成不同的国土空间地域分区。同时，还需要结合实际调查勘测情况加以修正，得出最后的分区结果。

需要指出的是，国土空间规划的地域分区除了按以上综合方法进行以外，还可以有以下三种类型：

一是自然分区。它是根据国土空间地质、地貌、气候、水文、土壤和生物等因素及其发生、发展和演替方向的相对一致性所划分的自然地理综合体。

二是经济分区。它是根据经济发展的资源条件、经济发展水平、经济发展内在联系、经济发展目标和方向的相对一致性所划分的地域生产综合体。

三是行政分区。它是按照地方政权存在的区域和管辖范围所划分的行政管理地域单元。

究竟应该采用何种地域分区，应当视国土空间规划的类型和主体任务而定。如果主要是整治自然环境，如流域治理，可以按照自然分区；如果主要是重大产业基地布局，可以采用经济分区；如果是为了更好地发挥政府在国土空间规划中的作用，可以按照行政分区。但如果需要综合考虑自然生态和社会经济等的作用，可采用综合地域分区。

（三）国土空间用途分区方法

国土空间用途分区，也称国土空间功能分区，它是将国土空间根据用途管制的需要，按开发保护的管理目标和经济社会发展的客观要求，划分不同的空间区域。不同的区域，国土空间开发利用整治保护的基本功能存在明显差异。划分国土空间用途分区的目的：一是保障自然资源合理利用的需要；二是保障公共利益的需要。如为了保护生态环境、保护基本农田、防治自然灾害、降低负外部性等。

1. 国土空间用途分区原则

分区原则是制定国土空间用途分区的基本准绳，也是在分区过程中处理矛盾的重要依据。一般而言，国土空间用途分区应遵循以下基本原则：

（1）保护优先原则。国土空间规划的重要使命是保障国家的粮食安全、生态安全、环境安全、经济安全、文化安全、国防安全和人民的生命安全。因此，国土空间用途分区应坚持保护优先原则，优先把质量最好的耕地划入基本农田保护区，优先将国家公布的重点防护林和特种用途林划入生态林区，优先将国家批准的围栏保护典型地域划入自然保护区，优先将生态环境脆弱地区划入环境敏感特别保护区等，将影响国家安全和人民生命安全的国土空间划入专门区域，给予特别保护。

（2）因地制宜原则。中国幅员辽阔，各地区自然、生态、社会、经济、文化条件千差万别，并直接影响国土空间开发保护的方向、方式、深度和广度。国土空间用途分区在遵循国家基本要求的前提下，应结合各地方的具体情况，制定符合当地国土空间开发保护实际的用途分区方案，增强国土空间用途分区的实际应用效果。

(3) 完整一致原则。国土空间用途分区的目的是科学有效地控制国土空间用途。在分区划线的过程中：一是要尽量避免将同一权属或完整图斑的国土空间分割成多种不同用途区，还要重视交通干线、工程管线、构筑物走向、自然地形界线的完整性，以利于国土空间用途管制措施的制定和实施；二是要尽量保持同一分区内国土空间主导用途、限制用途、可转换用途的一致性，避免同一区内国土空间用途交叉、限制用途模棱两可、转换用途含糊不清，影响国土空间用途管制的实施。

(4) 公众参与原则。国土空间用途分区既涉及部门利益，也涉及企业利益，更涉及公众利益。因此，需要与国土空间规划的不同主体进行反复协调，需要与当地干部群众进行广泛交流，需要到实地进行核对，最终才能形成国土空间用途分区结果。最终形成的分区结果，并不能让所有主体的利益都能得到满足，但从总体上看应该是最优和最合理的。只有公众的广泛参与，才能制定出公众认可和接受的分区方案。

2. 国土空间用途分区类型

国土空间规划是全域全类型覆盖的，其用途分区类型必然不同于土地利用总体规划的用途分区类型，不同于城市总体规划的功能分区类型，也应该区别于传统的海洋功能分区。从空间覆盖范围和传统各类空间规划用途分区的深度来看，国土空间用途分区类型应该是土地、城市、海洋等各类空间规划用途分区类型的系统整合和创新。在具体操作层面上，可以土地利用总体规划的用途分区为基础，充分吸收城市总体规划功能分区和海洋功能分区的成果，相互之间优势互补，形成全新的国土空间用途分区类型。按照这种思路，国土空间用途分区类型从城市到乡村再到海洋，在一级层面至少应当包括以下基本的用途分区类型：城镇区、村落区、采矿区、农地区、林地区、自然环境保护区、水资源保护区、历史遗产保护区、观光休养区、海洋农渔业区、海洋非农利用区、海洋保护区等。在一级分类之下，可根据空间尺度和用途管制的需要，续分二级甚至三级。例如，在城镇区续分居住区、工业区、仓库区、对外交通区等，还可以分出行政区、商业区、文教区、休养疗养区等；在农地区可以续分基本农田保护区、基本草场保护区、一般农地区；林地区可以续分生态林区、生产林区等。

3. 国土空间用途分区方法

国土空间用途分区方法，大多采用上文述及的聚类分析法、空间叠置法、综合分析法和主因素法等。在实际操作中，更多采用定性方法结合空间叠置法等定量方法综合进行。

在定性方法中，大多采用特尔菲法进行。特尔菲法也称专家调查法，具体操作过程是：在国土空间规划各类资料信息收集整理的基础上，将国土空间自然、生态、社会、经济、文化等条件相对一致的图斑组合到一起，结合国土空间开发利用保护现状，划分出多个分区单元。然后，组织专家对各个单元的空间区位和属性进行分析比较，根据国土空间规划对用途分区的要求，结合适宜性和承载力评价结果，专家凭借对国土空间用途分区研究积累的经验，对每个单元的用途提出自己的意见，规划人员对各个专家的建议进行整理、归纳、统计，再匿名反馈给各专家，再次征求意见，再集中，再反馈，直至得到基本一致的意见，最终得出国土空间用途分区方案。其过程可简单表示如下：匿名征求专家意见—归纳、统计—匿名反馈—归纳、统计……3~4轮后停止。它是一种利用函询形式进行的集体匿名思想交流过程。它有三个明显区别于其他专家调查方法的特点，即匿名性、多次反馈、小组的统计回答。按照一般经验，专家至少要有9人，最好能在16人以上，分区结果才比较符合实际。

在采用空间叠置法时，因不同地区情况有很大差异，在各类图件叠置时，不可能把多种图件同时叠置在一起，所以有一个前后顺序问题，叠置顺序可根据采取先重点后一般的方法进行。通常是将土地利用现状图作为叠置的底图，将同比例尺的永久基本农田保护图、生态保护红线图、城市开发边界图以经纬网和明显地物为标志进行叠置套合，然后再叠置交通、水利、城市、乡村、旅游等专项规划图件。如果叠置后分区界线一致的，就直接作为分区界线；对于不重叠界线，需结合适宜性评价和资源环境承载力评价结果及规划要求和行业特点进行判别处理。

在采用空间叠置法进行用途分区划定的过程中，应注意以下三点：一是界线明确无争议的可直接采用，并同时在底图上标注分区名称；二是对界线不太明确或与实地有争议的，要与有关部门协商，并通过科学的研究和论证后确定；三是对一些重叠图，如风景旅游区内出现自然保护区，要根据其双重作用，以主要用途和资源保护优先的原则确定。对于某些部门为了自身利益而扩大的界线，应本着生态环境优先、资源保护优先的原则，采用特尔菲法进行辅助判别。

五、系统制图方法

（一）系统制图的重要性

国土空间各要素相互联系、相互作用，是一个开放、复杂的系统。国土空间规划制图应强调综合制图与系统制图，以国土空间系统或人地系统为制图对象，反映系统的结构、形成与演变规律，为区域可持续发展和国土空间规划的研究提供科学依据和基础数据。

国土空间规划制图不仅是地图学的重要内容，也是国土空间规划研究的重要手段。其任务在于把抽象的规划概念转变为直观的形象思维模型，正确地展现国土空间及各要素间的各种关系。国土空间规划专题地图的编制已不只是单纯处理实测数据或实际资料，而是加强国土空间现象特征和性质、度量、相关性等的表现。把研究自然与社会经济综合体的系统方法应用于地图编制，将使综合制图提高到一个新的发展阶段。

（二）规划制图的基本规定

1. 制图数学基础

平面坐标系统采用CGCS2000坐标系；高程基准采用1985国家高程基准；地图投影采用高斯-克吕格投影。1∶2000、1∶1000和1∶500等比例尺成果按3°分带，图件比例尺小于1∶10万，采用6°分带，平面坐标单位采用"米"。

2. 图件比例尺

国土空间规划的制图比例尺从乡镇到全国依次为：1∶5000、1∶1万、1∶2.5万、

1:5万、1:10万、1:25万、1:50万、1:100万等8种，具体视各级规划区域的空间范围大小而定。通常情况下，国家规划图件比例尺为1:100万，省级规划图件比例尺为1:50万，市级规划图件比例尺为1:10万，县级规划图件比例尺为1:5万，乡镇级规划图件比例尺为1:1万，中心城区规划图件比例尺1:1万。

3. 图件内容

国土空间规划图主要反映规划期内国土空间开发保护引导和调控，重点是国土空间用途分区和工程设施建设，要将国土空间用途管制落实到每一个地块图斑，实现国土空间开发格局控制和引导。

4. 图件种类

国土空间规划图件包括必备图件和可选择图件。必备图件是国土空间规划必须编制的图件，可选择图件可根据需要选择编制。

必备图件包括：①国土空间利用现状图；②国土空间规划图及永久基本农田、生态保护红线、城镇开发边界、重大工程设施建设等专题规划图件。

可选图件包括：规划区位图、国土空间开发适宜性评价图、资源环境承载力评价图、国土空间整治图、国土空间生态修复图、遥感影像图和数字高程模型图等。

5. 制图的地理要素和注记

地理要素主要包括行政界线、政府驻地、高程特征点和等高线等；注记主要包括各级政府驻地、公路、铁路、机场、港口、水利设施和河流湖泊等，在制图过程应正确和合理标注，一般同一图像内注记字体种类以不超过4种为宜，界线和等高线按分级显示。

6. 图幅配置

国土空间规划图的图幅配置内容应包括图名、图廓、地理位置示意图、指北针与风向玫瑰图、比例尺、图例、署名和制图日期等要素。制图应注意图幅的平衡和饱满。

（三）GIS 系统和 OA 系统融合

利用 GIS 的数据管理和分析功能，综合处理国土空间规划制图的各类信息，包括空间数据、属性数据和制图数据，实现规划制图的自动化，已经是相对成熟的技术手段。国土空间规划是一个全覆盖全类型的系统，涉及部门众多，数据量巨大。各部门大多使用独立的系统分别完成传统的业务处理及国土空间的数据处理，传统业务数据与地图空间数据经常脱离或毫无联系。随着国家治理体系和治理能力现代化建设的推进，办公自动化的 OA 系统已经成为政府管理不可缺的核心应用系统。GIS 系统和 OA 系统必须相互配合，相辅相成，其中 GIS 系统对 OA 系统建立的案卷进行制图处理，将会使规划管理更直观，也更显人性化。推进传统 OA 工作流与 GIS 的无缝结合，既保留传统 OA 的实际工作流，同时将传统的业务数据在地图上进行修改、查询等操作，实现传统关系型数据库数据与空间地理数据的结合，应该是未来发展的重要方向。已有的研究表明，基于 RIA、Flex、J2EE、BlazeDS、ArcGIS Server 等技术可开发适合业务数据与地理空间数据一体化的数据平台并可高效率的实现。具体内容包括系统框架的研究与设计，ArcGIS Server 地图服务、地图在线编辑与保存、业务数据与空间数据的整合。推进行政审批和一张图一体化融合，在"流程再造"和"模式再造"的基础上,推行简政放权,实现全网上审批工作,全面整合相关规划编制、审批管理和技术服务各类信息资源,从空间上实时管控项目全生命周期信息,可提高国土空间规划行政审批效率和精细化管理水平,有效支撑"互联网+政务服务"和行政审批制度改革。GIS系统和OA系统的融合将有利于推进国土空间规划管理的标准化和规范化,实现规划审批一张图。

第二节 国土空间规划空间分析技术

编制国土空间规划是一项规模宏大的系统工程,整个工程不仅涉及大量的空间数据、属性数据和社会统计数据,同时又要综合多目标下的各种规划因素,以及考虑规划编制后的有效地实施和管理。为了提高国土空间规划的工作效率和决策的科学性,将地理信息系统(GIS)、遥感(RS)技术和全球定位系统(GPS)技术应用在国土规划中成为必然趋势。

RS是进行国土资源调查最重要的技术,并可利用RS技术进行国土空间规划的实施监测管理。GIS除用于建立国土空间规划基础数据库外,主要用于信息查询、空间数据分析处理和空间统计分析、规划布局辅助设计等。而GPS主要用于国土空间规划中的空间位置定位,并能辅助遥感测量。

一、地理信息系统(GIS)空间分析

地理信息系统(简称GIS)是20世纪60年代开始迅速发展起来的一门新技术,是采集、存储、管理、描述、分析地球表面和地理分布有关的数据的信息系统,具有数据录入、编辑、修改、信息查询和统计,测量和空间分析,模拟和专题地图制作等功能。空间分析是GIS的主要特征,有无空间分析功能是GIS与其他系统相区别的标志,在国土空间规划中,除了运用GIS的一般的查询、测量、数据编辑和统计功能外,更重要的就是利用GIS的空间分析功能,主要有空间叠置分析、缓冲区分析、网络分析、空间统计分析、三维空间分析。

(一)空间叠置分析

在GIS中,数据通常是以分层的方式来组织的,空间叠置分析就是建立在空间拓扑关系的基础上,将有关数据层进行叠加分析产生了一个新的数据层的操作。通常,有两种方法可用于执行叠加分析:要素叠加(叠加点、线或面)和栅格叠加。通常,栅格叠加更适合完成满足基于查找位置的叠加分析,计算耗时相对较短。

要素叠加分析通过输入多边形边界的交集,采用标识、相交、交集取反、联合、更新方法操作,可创建新的多边形,生成的多边形具有原始多边形的所有属性(图3-5)。

在栅格叠加中,每个图层的每个像元都引用相同的地理位置。这使其非常适用于将许多图层的特征合并到单一图层中的操作。,通过将数值指定给每个特征,通过分区统计、合并、加权叠加、加权总和的数学方式合并图层,并将新值指定给输出图层中的每个像

元。图3-6以陡坡、土壤和植被三个栅格图层用于为开发适宜性排列等级，等级范围是1~7。这些图层相加后（底部图示），每个像元的等级排列范围是3~21。

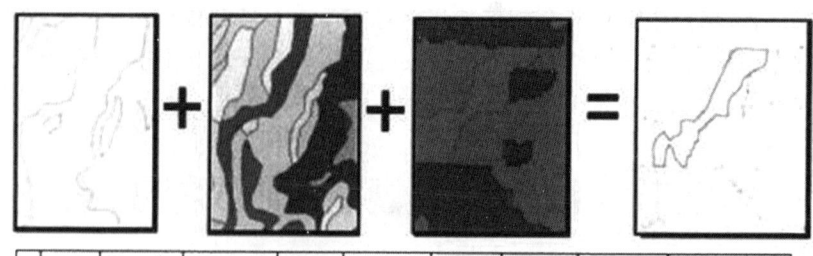

FID	Shape'	FID_soils	CODE	CLASS	FID_sl	SLOPE	FID_veg	DET_TYPE
3039	面	508	38F	6	0	60	117	A
3040	面	508	38F	6	0	60	119	SS
3041	面	508	38F	6	0	60	157	U
3042	面	508	38F	6	0	60	158	A
3043	面	508	38F	6	0	60	160	FC

图3-5 要素叠置分析图

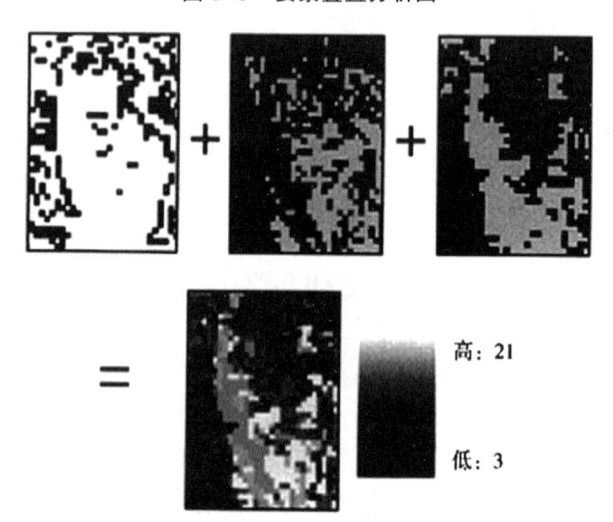

图3-6 栅格叠置分析图

空间叠置分析在编制国土空间规划上的应用，实际上是对一些建议或者方案进行定量分析，并可视化，为规划人员提供叠加运算后的参考数据，从而大大提高了规划的科学性。

（二）缓冲区分析

缓冲区分析是以点、线、面实体为基础，在输入要素周围按设定的距离条件创建缓冲区多边形。是地理信息系统重要的空间分析功能之一，在国土空间规划有着广泛的应用。在划定河流水体生态安全格局时，可以根据规划和生态保护的需要和要求进行缓冲区分析，形成水体生态安全格局结果图。在某一规划区有污染源时，污染源对其周围的污染量一般随距离而减小，通过缓冲区分析可以确定污染的区域范围。通过缓冲区分析，还可以统计出项目建设对周边国土资源变化和环境的影响（图3-7）。

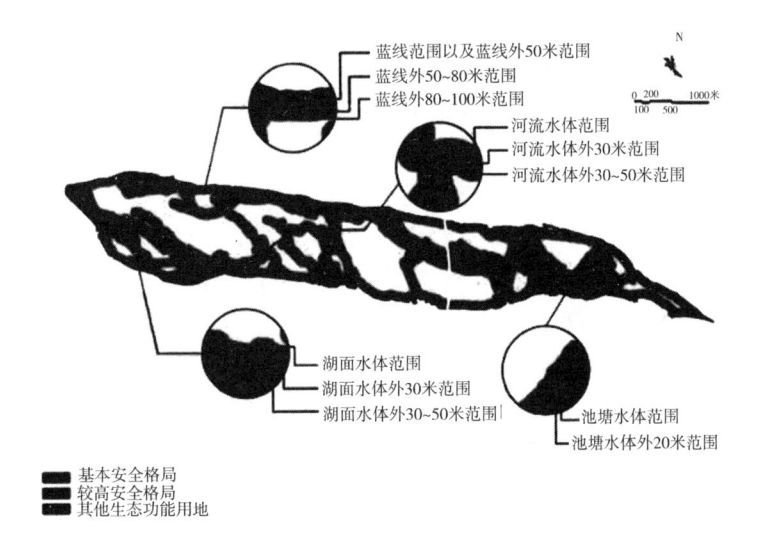

图 3-7　河流水体安全格局图

（三）网络分析

网络分析功能包括走廊分析（两点间移动的最小费用计算）、最优路径计算和网络联系功能。在规划中可用于项目的选址等工作，如根据交通等现状要素的分布，系统能对任意多点之间的通行或布局进行路径优化分析，已取得最佳路径，从而协助规划人员进行项目选址。

（四）空间统计分析

可以将空间信息（面积、长度、邻近关系、朝向和空间关系）整合到经典统计分析中，以研究与空间位置相关的事物和现象的空间关联和空间关系，从而揭示要素的空间分布规律。在国土空间规划中，空间统计分析建模可应用于土地利用变化、景观生态学、土地利用空间自相关分析以及土地资源的适宜性研究等，是深入了解土地利用变化复杂性的重要手段。

（五）三维空间分析

现实的国土空间世界是一个三维空间（不包括时间维），国土空间实体除了平面坐标外，还包括空间坐标（高程值）。三维空间分析功能主要包括数字高程模型分析、时态分析追踪分析、三维网络分析以及二维要素三维化。在国土空间规划中，三维空间分析可以提供最基本的数字高程模型（DEM）、坡度、坡向、阴影分析，为下一步的规划分析，提供参考，这一功能非常实用。

二、遥感（RS）技术

(一) 遥感技术的优缺点

遥感（RS），顾名思义，在广义上的定义为"遥远的感知"，就是不接触物体获取数据，是一种无接触的远距离探测手段；在狭义上遥感是指应用探测仪器，不与探测目标相接触，从远处把目标的电磁波特性记录下来，通过分析来揭示物体的特征性质及其变化的综合性探测技术。遥感技术具有全局视野、可进行重复观测、不会干扰对象、数据的采集不会引入现场调查中的采样偏差等优点，遥感技术还可以观测一些由于自然或政治因素无法访问的区域。当然，遥感技术也存在着一些局限性，例如遥感不能提供物理、生物或社会科学研究所需要的信息，它只提供一些空间、光谱和时间信息，遥感过程中的许多人为参与（图像处理、解译）可能会引起误差。

(二) 遥感图像处理操作技术

遥感信息提取技术流程包括辐射校正、几何纠正、图像镶嵌、图像增强、投影变换、特征提取、分类及各种专题处理等一系列操作，以达到预期目的。遥感图像处理的常规操作技术如下：

1. 辐射校正

辐射校正指对由于外界影响、数据获取和传输系统等因素产生的辐射误差进行校正，消除或改正图像数据中依附在辐射亮度中的各种失真过程。辐射校正分为传感器端辐射校正、大气校正、地表辐射校正。

2. 几何校正

由于传感器平台的高度、姿态、速度，以及地球自转及大气折射等因素的影响，原始图像可能发生几何失真，几何校正的目的是消除这些因素造成的畸变，很多的图像数据提供者会自动处理一些或者所有必要的几何校正。几何校正分为几何粗校正和几何精校正。

3. 图像融合

图像融合是将低空间分辨率的多光谱图像或高光谱数据与高空间分辨率的单波段图像重采样生成一幅高分辨率多光谱图像的遥感图像处理技术，处理后的图像既有较高的空间分辨率又具有多光谱特征。常用的图像融合方法包括 HSV 变换、Brovey 变换、Gram-Schmidt Pan Sharpening 变换、主成分变换、Color Normalized 变换等，可根据被融合图像的特征和融合目的选取合适的融合方法。

4. 图像镶嵌

图像镶嵌是在一定的数学基础控制下，把多景相邻遥感图像拼成一个大范围、无缝的图像的过程。图像镶嵌可以去除冗余信息，压缩信息存储量，从而更加有效地表达信息。

5. 图像裁剪

图像裁剪是指裁剪出研究范围内的遥感影像，常用方法有按行政区划边界或自然区划边界进行图像裁剪。

6. 遥感信息提取

即图像解译，是对遥感图像上的地物特征进行综合分析、比较、推理和判断，最后提取出地物目标信息的过程，常用方法为目视解译和计算机信息提取。目视解译也称目视判读，是以地物的几何特征和光谱特征的空间反映为判读依据，用人工的方法判读遥感影像，提取目标地物信息的过程。图像分类是利用计算机通过模式识别理论，分析图像中反映同类地物的光谱、空间相似性和异类地物的差异，进而将遥感图像自动分成若干地物类别。自动识别分类技术大大提高了遥感信息提取速度，一般分为监督分类和非监督分类，此外，还有基于专家知识的决策树分类和灰度分割分类等其他分类方法。

7. 精度评价

分类后的精度评价是进行影像分析的重要环节，直到评价精度后分类才算完成。分类误差矩阵（又称混淆矩阵或列联表）可以用来描绘样本数据的真实类别属性和识别结果的关系，是最常用的分类精度评定方法，利用混淆矩阵进行定量分析的主要参数有总分类精度及 Kappa 系数。遥感信息提取的技术流程如图 3-8 所示。

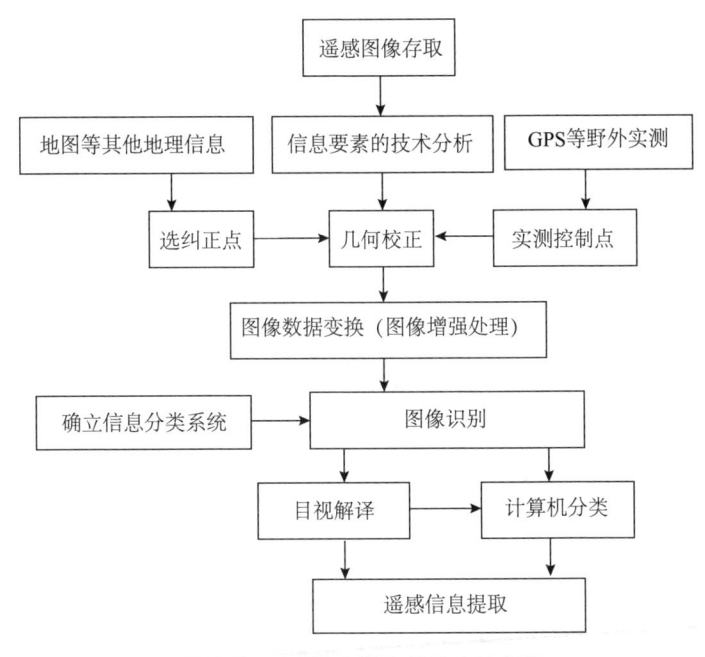

图 3-8 遥感信息提取的技术流程图

作为一项空间分析技术，遥感对于规划的作用是不言而喻的，国土空间规划中所面临的基础资料、人口、资源和环境等问题都可以借助遥感技术进行调查、监测和评价。RS 主要用于资源的调查与评价、环境的监测与评价、规划的实施监测。

资源调查与评价包括土地资源、水资源、矿产资源、生物资源及自然风景资源等资源的调查和评价；环境的监测与评价包括用于大气环境监测、水环境监测、城市污染监测、土壤侵蚀的遥感定量分析、汛情预报与监测等方面；规划的实施监测包括用于土地利用变化监测、检查规划批准项目的落实情况和监测未经批准进行建设占地的案件，以及监测违反土地利用总体规划的违法用地情况。

由于遥感技术的应用，使得规划中的野外调查工作周期缩短、成本降低，提高了工作效率，并且解决了规划中时效性的问题。遥感技术能够提供及时、详细、准确、宏观视野、多层面的地表信息，弥补了以往规划技术方法的不足；同时遥感技术为空间信息系统的查询、分析、统计提供了丰富基础数据，是国土空间规划不可或缺的基础资料。遥感技术的使用为国土空间规划带来了极大的便利。

三、空间分析技术集成

（一）3S 技术集成

空间分析技术集成主要是将 RS、GIS 和 GPS 技术集成起来，形成一个统一的有机体。GIS、RS 和 GPS 三者都是关于空间信息获取和处理分析的技术，其中 RS、GPS 技术主要是针对地理空间数据的获取，以及对其变化的动态监测，而 GIS 针对的是地理信息和空间数据的存储、分析和处理。三者分开来看，均有自身独特的空间分析特点，但实际上三者之间存在着明显的相辅相成、相互促进的关系，随着空间分析技术的不断发展，相互独立地使用"3S"技术已经逐渐不能满足现实的需求，因此需要将它们集成在一个统一的平台中，这样不仅能发挥它们各自的优势，并且可以做到空间分析技术的集成利用，解决现实中遇到的复杂问题。

随着"3S"空间分析技术集成的不断发展，国土空间规划可以通过 RS 和 GPS 获取空间数据，在此基础上结合时代的"互联网+"和大数据背景获取一些属性数据，并引入公众参与，以此建立国土空间利用系统来进行规划的编制、建设项目的审批监管、实时动态监测和执法监督等活动，实现新背景下的空间分析技术多元化集成。例如通过多元遥感（高分辨率遥感、高/超光谱遥感、无人驾驶低空遥感、多光谱遥感）的智能化处理，与GIS、GPS 等多种空间信息进行集成，可建立动态监测条件下的城乡发展预测模型等，提高国土空间规划的动态管理水平。

（二）3S 技术再集成

通过 3S 技术与通信技术集成，进行空间数据的采集、测量、分析、存储、管理、显示、传播和应用等，可以大大提高国土空间规划信息的时效性和控制性，同时也可极大地提高 3S 应用的功效。当前世界上主要把数字国土划分为三种形式：一是通过文字图片等形式表现信息资源；二是以电子信息形式表现的国土空间地形地貌、建筑人口等资源，例如电子地图；三是以数字形式表现的虚拟立体国土空间模型。这三种形式被认为是未来国土空间发展的主攻方向和基本形式。通过 3S 技术与通信技术集成，可以随时随地定位城乡居民个人感兴趣的信息，开展各种网上数字服务，不断提高国土空间规划的公众参与水平。通过集成 CAD、GIS、RS 和多媒体数据处理技术，可更好地辅助国土空间规划的方案设计，也可更好地采用二维、三维可视化进行专题表现。集成空间数据库和关系数据库技术，可支持国土空间总体规划方案对基础数据进行收集和分析；采用数据挖掘技术，可提高规划基础数据的利用率、规划指标计算核算效率和规划成果的多专题表现能力；高分辨率卫星遥感影像技术与 GIS 进行集成，可大大丰富国土空间规划基础数据、提高国土空间规划表现能力和加快国土空间规划基础数据的更新频率。

第三节 国土空间规划决策方法

一、空间决策支持系统

决策支持系统（DSS）在管理信息系统（MIS）基础上增加了模型库及其管理系统，借助计算机技术，运用数学方法、信息技术和人工智能为管理者提供了分析问题、构建模型、模拟决策过程及评价最终效果的决策支持环境，由人机界面、数据库及其管理系统、模型库及其管理系统三单元结构组成。随着支撑科学理论的不断发展与进步，决策支持系统集合了专家系统、遗传算法、神经网络等技术，将原有的三单元结构加以完善，逐渐添加方法库、知识库及其各自的管理系统，使决策支持更加智能。但决策支持系统有一个非常明显的弱点，即不能处理具有空间特征的数据，因此将 GIS 和 DSS 相结合，形成空间决策支持系统是国土空间规划的一大技术保障。

（一）国土空间规划决策支持系统实现方式

一般认为，国土空间规划的计算机辅助决策支持一般有三种方式：

1. 数据形式的决策支持

数据是事物的特征和状态的数量化表现。在国土空间规划中涉及大量的空间数据、属性数据和统计数据，如何利用这些数据快速、高效提取规划信息，是辅助决策支持的首要问题。

2. 模型和方法形式的决策支持

人们为了描述事物的变化规律建立了大量的模型和方法，用它们去辅助决策，就是按事物的发展规律来实现决策过程。国土空间规划的方法和模型大多可利用计算机实现，将其与 GIS 的空间分析功能结合，可提供辅助决策支持。

3. 知识主导形式的决策支持

在建立模型库和方法的基础上，建立知识库推理机制，结合人机交互系统（决策者参与决策过程），最终形成决策方案。

上述三种方式中，数据形式的决策支持是一种最基本的辅助决策支持方式；知识主导形式的决策支持是最高层次的辅助决策支持方式，是将来的发展方向；模型和方法形式的决策支持是目前空间决策支持系统研究工作的重点。

（二）国土规划空间决策支持系统的开发

1. 系统分析

系统分析需采用系统工程的方法，进行需求分析和可行性分析。应结合项目的实际情况进行综合分析，制定各种可行方案，为系统设计提高依据。在需求分析中，总的来说有三个问题：

（1）要明确国土空间规划的工作流程以及规划所需的各种功能要求；

（2）要明确系统开发时间的要求；

（3）对系统开发费用的要求。

此后，进行可行性分析并提出方案。从大的方面来说，空间决策支持系统要求将GIS与DSS相结合，根据功能、时间和经费的不同，有三种方案：完全一体化、模块化的紧密结合以及模块间的松散结合。完全一体化虽然有利于简单操作，但需要较高的费用和较长的时间；松散结合型时间较短，许多功能可通过购买通用软件实现，但许多软件费用较高，而且用户需要很长的时间才能掌握系统的使用；紧密结合型则是介于前两者之间，具有一体化的特征，同时又避免了松散结合型的一些缺点。系统可通过GIS的组件结合DSS工具进行开发。

2. 系统设计

系统设计一般要遵循下列原则：

（1）科学性。系统尽可能采用新思想、新技术。在数据库设计、系统功能设计方面要重点考虑严格的数据质量，科学、清晰的结构与组织，满足决策分析的需求，确保系统运行的稳定。

（2）实用性。要求系统结构简洁，操作方便，界面友好。

（3）规范性。要求系统与国内其他数据库能很好地接轨，系统设计遵循统一、规范的信息编码和坐标系统，具备规范的数据精度和符号系统。

（4）可扩充性。增强系统的兼容性，方便系统将来的扩充、移植。

3. 系统实现

系统的实现包括各子系统的简历和系统的整体集成。数据库管理系统可考虑应用现有的GIS数据库系统；模型库系统一般利用程序设计语言自行进行设计与开发；地理数据分析系统可利用GIS软件所提供的接口进行开发。人机交互系统要实现与其他子系统的存取接口、良好的界面，并嵌入集成式的DSS语言支持。集成后的系统需经过系统测试与评价，以发现和解决问题，最终才能形成决策支持系统。

二、空间决策博弈方法

决策者（国土空间利用利益相关者）在国土空间利用过程中做出的决策行为直接或间接地影响了国土空间的结构、布局与质量。因此，空间决策问题的研究，对于优化自然资源配置，推动国土空间利用方式由粗放型向集约型转变，实现社会效益、经济效益和生态效益协调发展具有十分重要的意义。从决策理论的角度来看，也存在着"目标是否合理，方案是否可行，代价是否最小，副作用是否最小"的问题，而博弈论是解决决策问题的方法之一，因此，空间决策行为可以尝试用博弈论的方法来进行研究。与传统的经济学中分析个人决策相比，博弈论的优势是将他人的选择作为一个变量加入到分析个人选择的效用函数里，同时考虑个人的选择行为对这个变量的影响。因此，博弈论在分析国土空间决策问题时，更加符合实际情况，图3-9表示空间利用决策的制定和实施过程中存在着简易博弈关系。

博弈论主要研究公式化的激励结构间的相互作用，是研究具有斗争或竞争性质现象的数学理论和方法。博弈论考虑个体的预测行为和实际行为，并研究它们的优化策略。博弈论已经成为经济学的标准分析工具之一。在金融学、证券学、生物学、经济学、国际关系、计算机科学、政治学、军事战略和其他很多学科中都有广泛的应用。

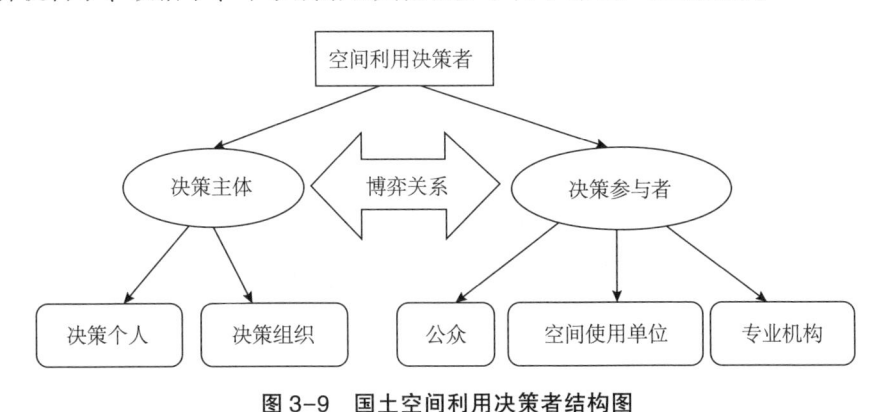

图 3-9　国土空间利用决策者结构图

三、空间模拟与仿真技术

（一）系统动力学

规划的动态模拟需以连续性的模型来实现，系统动力学模型可以较好地进行模拟。系统动力学（SD）模型是建立在控制论、系统论和信息论基础上，研究因果关系网络分析结构中，反馈系统结构、功能以及动态行为的一类模型。其突出特点是能够反映复杂系统结构、功能与动态行为之间的相互作用关系，处理非线性的多重反馈问题，对复杂系统进行动态的模拟，提供决策支持，而不再完全依赖土地利用历史时间序列。

在规划中进行 SD 模型的动态模拟可以分为这样几个步骤：

1. 定义系统

定义系统就是确定规划动态模拟要解决的问题和发展的目标。通过对规划方案的初步分析，预测规划系统可能出现的期望状态，然后分析规划系统的有关特征，最后确定系统的问题，并描述出与问题有关的状态，以及估计问题产生的范围与边界，选择适当的变量。

2. 分析因果关系

系统动力学是把研究的对象作为系统来处理的，根据反馈动力学的原理，把反馈环看成是系统的基本组件。多个反馈环的组合构成了复杂系统。系统在与外界的相互作用以及内部各要素之间的作用，使系统总处于不断变化之中，系统动力学通过因果关系图分析系统各要素之间作用的因果关系。然后根据系统边界诸要素间的因果关系形成反馈环。

3. 建立系统流图

系统动力学模型流图包括流位（系统内部的定量指标）、流率（描述系统实体在单位时间内的变化率）、流线（表示对系统的控制方式）和决策机构（由流位传来信息所确定的决策函数）等，如图 3-10 所示。

4. 构造方程与运行模型

根据系统的对应关系构造符合时空变化的方程，然后利用计算机仿真语言，将系统动力学模型转化成系统的仿真模型。

5. 结果分析

借助计算机软件，输入对应参数以及相关控制语句运行模型，得出结果。再对结果进行分析，若存在错误或缺陷可对模型进行修正，直到得到满意的结果。

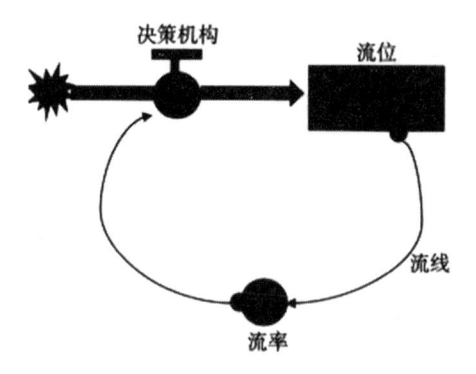

图 3-10 系统动力学决策反馈环

（二）多智能体

多智能体系统（ABM）是多个智能体组成的集合，它的目标是将大而复杂的系统建设成小的、彼此互相通信和协调的、易于管理的系统。ABM 是一种"自下而上"的微观模型，是一类模拟自治智能体的行为和相互作用，以评估它们对整个系统的影响的计算模型，结合了博弈论、复杂系统、突现论、计算社会学、多智能体系统和进化规划等元素。究其本质，ABM 能被视作一种确定个体团体行为的可能的系统级结果的方法。ABM 既支持确定性层次模型的建立，又支持整体系统（其中多层次随机规则以不可约的方式协同工作，产生整个系统级的结果）的创建。例如 ABM 可以表达多层次系统中的反馈，高层的智能体和低层的智能体同时影响和限制彼此。大多数 ABM 模型包含：①多尺度的数个智能体；②决策方法；③学习规则和适应过程；④相互作用的拓扑结构；⑤环境。

ABM 在 20 世纪 90 年代后期，随着复杂性科学的兴起和计算机技术的发展，开始引起地理学研究者的重视。ABM 关注的是城市空间系统中大量智能体之间的关系与交互，可通过模拟异质性的个体决策者的社会经济以及空间行为来表达宏观空间结构的总量特征，体现从不稳定中产生规律。ABM 可以使用机器学习算法来模拟智能体的有限理性行为、某些非线性的因素，例如政策法规等的影响也可以显化在模拟中。因此，ABM 的研究需要为土地利用变化的决策者建立微观行为模型，通过观察微观智能体与系统之间及智能体之间的交互作用，来研究系统层面整个区域的城市空间的演化过程，在国土空间规划的复杂模拟中，可以建立通过社会、经济、政策等因子反映不同类型智能体的决策偏好，并为不同类型的智能体定义行为以实现智能体之间、智能体与环境之间的交互。

(三) 元胞自动机

元胞自动机（CA）是一种时间和空间都离散的动力系统。散布在规则格网中的每一元胞取有限的离散状态，遵循同样的作用规则，依据确定的局部规则做同步更新。大量元胞通过简单的相互作用而构成动态系统的演化。不同于一般的动力学模型，元胞自动机不是由严格定义的物理方程或函数确定，而是用一系列模型构造的规则构成。凡是满足这些规则的模型都可以算作是元胞自动机模型。因此，元胞自动机是一类模型的总称，或者说是一个方法框架。其特点是时间、空间、状态都离散，每个变量只取有限多个状态，且其状态改变的规则在时间和空间上都是局部的。

20世纪70年代计算机的普及以及Conway的生命游戏的提出，又掀起了元胞自动机的研究高潮。"生命游戏"展示了简单的局部规则如何迭代形成复杂系统的全局模式的过程。体现了元胞自动机模拟复杂系统的能力，引起了物理学、生物学、数学、计算机科学、景观学和地理学等领域专家的广泛关注。20世纪80年代，Stephen Wolfram 提出了一维半径为1的简单的基本元胞自动机（ECA）的概念，可在超大规模集成电路中实现和应用。20世纪90年代至今，大量的关于CA的理论和应用研究不断涌现，使得CA的发展逐步趋于成熟完善。

元胞自动机最基本的组成有元胞、元胞空间、邻居及规则四部分。简单讲，元胞自动机可以视为由一个元胞空间和定义于该空间的变换函数所组成，如图3-11所示。

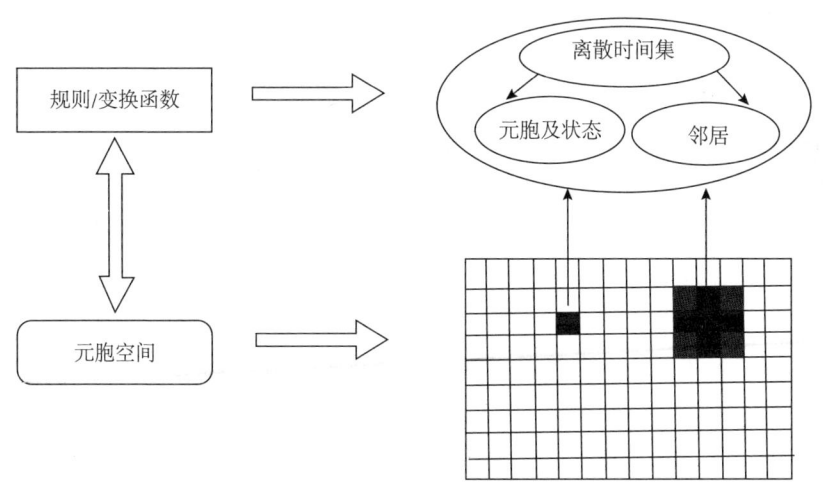

图 3-11 元胞自动机组成示意图

在地理学中元胞自动机有着广泛地运用，因其具有较高的灵活性和可扩展性，以CA核心原理为基础而开发的CLUE-S、SLEUTH等经典模型，为探索城市系统演变、城市扩张机制等提供了全新的认知视角。传统城市CA模型是出现最早、应用最广泛的一种形式。英国伦敦大学学院的高级空间研究中心较早对城市CA模型的理论背景、扩展机制、应用方法等进行了系统研究，广泛研究了城市扩张、土地利用、住宅户型等的动态演化。空间系统的复杂性很难仅仅通过某一模型进行描述。要扩展城市CA模型的应用能力，需要将其与其他空间模型进行集成。最为常见的是CA与GIS的集成，通过发挥CA在时空动态建模方面的优势与 GIS 强大的空间数据管理能力进行优势互补。此外，将 CA 模型与分形算法结合，可体现空间系统所具有的分形特征，更好地预测并控制空间系统的演化方向。神经网络模型、遗传算法等也可以与 CA 模型集成，以进一步提高城市 CA 模型的应用能力。但是二维城市 CA 模型主要是对平面空间信息的表达，无法完整地描述三维空间的发展。而如今国土空间的动态变化很大程度上依赖于三维空间，因此有必要将 CA 模型向三维扩展，以更加准确、真实地表达空间系统的特征。到目前为止，利用三维 CA 模型进行的空间研究仍处于初级阶段，但其重要性已愈发显现，国土空间 CA 模型向三维发展已成为必然趋势。

第四节　国土空间规划大数据技术方法

一、国土空间大数据采集技术

大数据是一个宽泛的概念，具有丰富的内涵，目前尚无统一定义，但这并不影响人们对其研究与应用的热情。高德纳公司将大数据定义为需要新处理模式才能具有更强的决策力、洞察发现力和流程优化能力的海量、高增长率和多样化的信息资产。麦肯锡在其报告《大数据：创新、竞争和生产力的下一个前沿》中给大数据的定义是：大小超出常规的数据库工具获取、存储、管理和分析能力的数据集。国际数据公司（IDC）从大数据的 4V 特征来定义，即海量的数据规模、快速的数据流转和动态的数据体系、多样的数据类型以及巨大的数据价值。

随着科学技术的发展，大数据在国土空间领域也有着越来越多的运用。研究国土空间大数据的关键技术中，最为基本的也是次序最先的技术是大数据采集技术。在生产经营、国土管理以及相关业务交互等活动中产生了文本、图像、视频、传感器数据、社会经济环境属性数据、空间地理信息等海量的结构类型不尽相同的数据，分为结构化、半结构化及非结构化数据。如何有效地从众多不同的信息源里高效地采集数据是大数据采集技术的焦点，常用的大数据采集技术工具有 Hadoop、网络爬虫、API 或者 DPI 等技术。

Hadoop 是一个由 Apache 基金会所开发的分布式系统基础架构，用户可以在不了解分布式底层细节的情况下开发分布式程序，通过充分运用集群系统的威力进行高速运算和大量存储。

网络爬虫又被称为网页蜘蛛、网页追逐者，是一种按照一定规律自动抓取网页信息的程序或脚本。由于互联网信息数据量巨大，且存在重复现象，为了解决这些问题，定向抓取相关网页资源，获取目标信息，网络爬虫技术就应运而生。对于企业生产经营数据或学科研究数据等保密性高的数据，可以通过与企业或研究机构合作，使用特定系统接口等相关方式采集数据。

API（应用程序编程接口）是一些预先定义的函数，目的是让开发者在无须访问源码或理解内部工作机制细节的情况下，调用他人共享的功能与资源。对于网络流量的采集则可以使用 DPI 或者 DFI 等带宽管理技术。

二、国土空间大数据处理技术

经过各种手段采集到的多源异构数据在进行分析利用之前还需要进行预处理工作,这时对数据的清理和整合工作就十分重要。国土空间大数据的清理与整合的目标是使用合理的方式,将各种结构类型的国土空间数据处理并形成可以利用的数据库和数据集。

首先,进行数据抽取,将国土空间活动产生的不同结构和类型数据转化为统一的、便于处理和识别的数据类型和结构。提取完成数据源中需要进行分析处理的数据,但是所采集的数据中并不是都有价值的,要将不需要的内容进行"数据清洗",即通过设计一些过滤器,将无用的数据筛选并过滤出去,提取有效数据。将多源信息整合时,还需要考虑到因地域、时空等因素造成的数据差异引起的不稳定性,进而更准确地支持国土空间数据的分析管理。

随着国土空间数据的不断增加,需要按照数据的不同类型和结构对其进行分类储存和管理,并具有很强的可扩展性以满足需求。相较于以往小范围小容量的处理方式,国土空间大数据的储存要求高吞吐量的新的存储架构、文件系统,并研究利用 NoSQL 数据库为大数据管理设计新型的数据管理技术。同时,针对特定的数据要设计特殊的数据库以提升数据的高效与实用性。可通过 PC Server 上搭建大规模的存储集群,运用 HBase 等技术来解决国土空间中不同结构的数据管理问题。也可利用云计算中虚拟化技术将各类资源虚拟化成资源池来实现数据的统一分析与处理。最后,国土空间大数据的储存还需要满足多种多源异构数据的兼容、集成和维护以达到对海量数据的有效存储与管理。

参考文献

[1] 马旭东,刘慧,尹永新. 国土空间规划与利用研究[M]. 长春:吉林科学技术出版社,2022.

[2] 王璐瑶. 国土空间功能双评价及分区优化研究[M]. 北京:中国经济出版社,2022.

[3] 华晨,王纪武,李咏华,等. 国土空间整治[M]. 杭州:浙江大学出版社,2022.

[4] 古杰,曾志伟,宁启蒙. 国土空间规划简明教程[M]. 北京:中国社会出版社,2022.

[5] 文超祥,何流. 国土空间规划实施管理[M]. 南京:东南大学出版社,2022.

[6] 李明作. 国土空间规划设计与管理研究[M]. 沈阳:辽宁人民出版社,2022.

[7] 张兵,门晓莹,王伟. 国土空间规划系列教材 国土空间规划城市体检评估案例选编[M]. 北京:中国地图出版社,2022.

[8] 曾维华,王慧慧,贾紫牧. 生态文明视角下城市国土空间规划技术方法体系创新[M]. 北京:科学出版社,2020.

[9] 何冬华. 国土空间规划:面向国家治理现代化的地方创新实践[M]. 北京:中国建筑工业出版社,2020.

[10] 邱道持,邱继勤,杨庆媛,等. 国土空间治理学导论[M]. 重庆:西南大学出版社,2020.

[11] 魏凌,张杨. 国土空间规划探讨与应用[M]. 北京:中国大地出版社,2020.

[12] 彭震伟. 空间规划改革背景下的小城镇规划[M]. 上海:同济大学出版社,2020.

[13] 金贵. 国土空间优化利用与管理[M]. 北京:科学出版社,2020.

[14] 王静. 走向可持续生态系统管理的国土空间规划:理论方法与实践[M]. 北京:科学出版社,2022.

[15] 霍子文,尹伟,杨一虹. 国土空间规划编制探索与创新[M]. 南宁:广西科学技术出版社,2022.

[16] 孔德静,刘建明,董全力. 城乡规划管理与国土空间测绘利用[M]. 西安:西安地图出版社,2022.

[17] 付娇,石枫华,兰丽婷. 中国特色空间规划的基础分析与转型逻辑[M]. 北京:中国建筑工业出版社,2020.

[18] 任雪冰. 城市规划与设计[M]. 北京:中国建材工业出版社,2019.

[19] 童新华,韦燕飞. 国土空间规划学[M]. 长春:吉林大学出版社,2019.

[20] 李效顺. 新时代国土空间规划理论与实践[M]. 徐州:中国矿业大学出版社,2019.

[21] 田志强,吕晓,周小平,等. 市县国土空间规划编制理论方法与实践[M]. 北京:科学出版社,2019.

[22] 陈明. 基于省域视角的国土空间规划编制研究和情景分析[M]. 北京:商务印书馆,2017.

[23] 董祚继,吴次芳,叶艳妹,等. "多规合一"的理论与实践[M]. 杭州:浙江大学出版社,2017.

[24] 郑新奇,张丽君,胡业翠. 国土空间规划原理与应用[M]. 北京:中国大地出版社,2016.